Johann Nepomuk Ehrlich

Der Buddhismus und das Christentum

Johann Nepomuk Ehrlich

Der Buddhismus und das Christentum

ISBN/EAN: 9783744610391

Hergestellt in Europa, USA, Kanada, Australien, Japan

Cover: Foto ©Lupo / pixelio.de

Weitere Bücher finden Sie auf **www.hansebooks.com**

Der
Buddhismus und das Christenthum

von

Dr. Joh. Nep. Ehrlich,
Priester der frommen Schulen, o. ö. Professor der Theologie.

(Aus dem 2. Hefte der apologetischen Ergänzungen zur Fundamentaltheologie
besonders abgedruckt.)

Prag 1864.
Verlag von Friedrich Ehrlich's
Buch- und Kunsthandlung.

Druck von G. Schreiber & Ignaz Fuchs in Prag.

Inhalt.

	Seite
Eingang	3
I. Vorgeschichte des Buddhismus.	
a. Die Religion der Inder und ihre Entwickelung	6
b. Die indische Theologie und Philosophie	14
II. Die Lehre Buddhas.	
A. Dogmatische Grundlage.	
α. Die Weltauffassung Buddhas	22
β. Das Entstehen des Schmerzes, die Ursache der Wiedergeburt	30
B. Moral und Askese.	
α. Die Grundzüge	42
β. Der Charakter der buddhistischen Moral und ihre Früchte	48
γ. Der Inhalt der buddhistischen Moral	53
Der buddhistische und der mosaische Dekalog	55
Die allgemeine Wesenliebe des Buddhismus, ihr Charakter und Verhältniß zur christlichen Liebe	56
Die Ehe und Familie	64
Die Toleranz des Buddhismus	67
Die Lehre von der Hölle	70
Die Askese	74
III. Die Kirche und der Kultus des Buddhismus.	
a. Die Kirche, die Geistlichkeit und Klöster	78
b. Der Kultus	85
α. Die Objekte des Kultus	86
β. Die Formen des Kultus	89
IV. Das Leben Buddhas.	
Schlußbemerkung.	
Die Bedeutung, Entartung und Zukunft des Buddhismus	108

Verbesserungen.

Seite 27 Note   Billaume für: Billoume.
  "   56   "   ist für: wäre.
  "   60 2. Zeile von unten mehrerer für: unserer.
  "   61 6.   "   " oben es für: sie.
  "   61 21. "   "   " Mitknecht für Mitknechten.
  "   64 13. "   "   " nicht mißzuverstehen für: nicht zu
                              mißverstehen.
  "   64 21. "   "   " Dieselbe für: Selbe.
  "   65 Note   konnte für: könnte.
  "   97 4. Zeile von oben vorbereitet für: verbreitet.
  "   97 11. "   " unten welches für: welche.

Der Buddhismus und das Christenthum.

(Vorlesungen im Sommersemester 1864.)

Eingang.

Dr. Adolf Wuttke sagt in seiner Geschichte des Heidenthums: *)
„Die früheren Phantasiespiele mit der Buddhalehre sind oft seltsam genug. Man fand in ihr den reinsten Monotheismus und die reinste Vernunft-Moral; man machte sie zur Urquelle fast aller geschichtlichen Religionen, und leitete ohne weiteres das Orakel zu Dodona, nach einer Lesart Bordona, den deutschen Wodan, ja das Wort „Beten" selbst von Buddha ab; für solche Übungen des Witzes ist die Zeit vorüber."

Seit E. Burnouf die von Hodgson, Residenten in Nepal, gesammelten Buddhistischen Werke älterer Zeit zum Theile übersetzt und in Auszügen bekannt gemacht hat, haben sich die Ansichten über den Buddhismus wesentlich geändert, — wenn auch annoch nicht in allen Beziehungen geeinigt.

Von den obenerwähnten Überschätzungen des Buddhathums kann dermalen, wie Wuttke richtig sagt, allerdings nicht mehr die Rede sein.

Allein — nach einer andern Richtung hin sucht man auch heute den Werth der Buddhalehre in nicht zu rechtfertigender Weise geltend zu machen, nämlich: gegenüber dem Christenthume.

Man stellt ohne Bedenken Buddha auf eine Linie mit Christus und den Buddhismus nicht bloß neben das Christenthum, sondern in vielen Punkten über dasselbe.

Allerdings leben wir in einer Zeit, die an Aehnliches bereits

---
*) II. Thl. S. 823.

gewohnt ist. Denn, wenn Einer behauptet, daß die Religiosität und Sittlichkeit der Bekenner des Islam unter den Christen ihres Gleichen nicht finde; — wenn ein Anderer das idyllische Leben im Mormonenstaat gegenüber der moralischen Depravation der Christen aller Confessionen in Amerika und Europa preist; so kann man sich nicht wundern, wenn es einem Dritten einfällt, die Religion und Moral des Buddhismus auf Kosten des Christenthums, insbesondere des Katholicismus zu loben.

Derlei Erscheinungen aber kennzeichnen unsere Zustände und bezeugen, daß es keine bloße Phrase ist, wenn man von einer blinden, leidenschaftlichen Feindseligkeit der sogenannten modernen Wissenschaft und Bildung gegen das Christenthum spricht. Und — man darf es einem gläubigen Christen wohl nicht verargen, wenn er über eine Zeit klagt, welcher die Erkenntniß abhanden zu kommen scheint, daß es eine Gnade Gottes sei: im Christenthume geboren und durch dasselbe erzogen worden zu sein.

Wir wollen uns übrigens weder auf solche Klagen einlassen, noch auf eine Erörterung der Zustände, auf welche sie sich beziehen.

Die Gegenüberstellung von Buddha und Christus, Buddhismus und Christenthum ist es, auf welche wir in diesen Vorträgen unsere Aufmerksamkeit richten wollen.

Eine solche ist in letzter Zeit selbst von Männern versucht worden, denen man eine gründliche Bekanntschaft mit dem Buddhismus nicht streitig machen kann; zu denen wir aber nebenbei bemerkt, Ernst Renan, den Verfasser des Lebens Jesu, nicht rechnen.

Wenn solche Männer in wissenschaftlichen Werken Christum und Buddha auf eine Linie und den Buddhismus über das Christenthum stellen, so darf die Apologetik des Christenthums dieß nicht ignoriren, es ist ihre Pflicht, die Gründe einer derartigen Parallele und Werthbestimmung zu erwägen und zu beleuchten.

Damit ist die Aufgabe bezeichnet, zu deren Lösung diese Vorträge einen Beitrag liefern wollen.

Um einen Vergleich mit Erfolg anstellen zu können, muß man die zu vergleichenden Gegenstände vorerst kennen. Die Kennt=

niß des Christenthums, des Lebens und Charakters Christi darf hier wenigstens vorausgesetzt werden.

Wir haben uns also zunächst mit einer Darstellung des Buddhismus und des Lebens seines Stifters zu befassen, insoweit nämlich, als sie in Vergleich mit dem Christenthum und Christus gebracht werden.

Der Buddhismus ist das Ergebniß des Processes, welchen die Religion und Philosophie der Inder durchgemacht hat; — er selbst und sein Stifter kann also auch nur aus diesem Processe verstanden werden.

Darum sind wir genöthigt, einige Bemerkungen über die indische Volksreligion und Philosophie so wie über deren Geschichte voraus zu schicken.

Wir werden uns hier wie in der Darstellung der Lehre und des Lebens Buddha's an C. Ferd. Köppen halten, zunächst weil Bunsen, dessen Werk über den Buddhismus *) für die bedeutendste Arbeit in diesem Bereiche erklärt; dann aber auch darum, weil uns kein zweites Buch bekannt ist, welches jene Vergleichung des Buddhismus mit dem Christenthum in ebenso umfassender als gehässiger Weise durchzuführen versucht. **)

*) Die Religion des Buddha und ihre Entartung. Berlin 1857.
**) Bunsens: Gott in der Geschichte II. Th. S. 151 empfiehlt Köppens Buch mit folgenden Worten:
„Das eben (1857) erschienene ausführliche Werk von Karl Friedr. Köppen" „die Religion des Buddha" ist aber auf diesem Gebiete die bedeutendste Erscheinung. Das bis jetzt Erforschte und Besprochene wird in dieser Geschichte des Buddhismus mit besonnener (?) Kritik für die gebildete Lesewelt klar und mit genügender Vollständigkeit vorgetragen. Schon deshalb bildet dieses Werk bei der in ganz Europa zunehmenden Theilnahme an dieser merkwürdigen Erscheinung, welche noch jetzt nach fast Dritthalbtausend Jahren die Gemüther von etwa 300 Millionen Menschen bewegt und sie zum Theil gebildet hat, ein sehr nützliches Handbuch für Alle, welche sich über den Gegenstand gründlich zu unterrichten und auf den Weg weiterer Forschung geleitet zu werden wünschen. Außerdem aber ist dieses Werk bedeutend durch eigenes freimüthiges Urtheil." Der Leser wird im Nachfolgenden Gelegenheit finden, kennen zu lernen, was Bunsen eine „besonnene Kritik" und ein „eigenes freimüthiges Urtheil" nennt.

I. Vorgeschichte des Buddhismus.

a) Die Religion der Inder und ihre Entwickelung.

1. Die Religion der Inder zählt zu den ältesten; wir können ihre Geschichte durch einen Zeitraum von fast 4000 Jahren verfolgen. Ihre ältesten religiösen Schriften, die Hymnen, sind ohne Zweifel im Lande der 7 Ströme am Indus (Sindhu, von dem ihnen die Griechen den Namen ινδοι gaben) verfaßt worden, wohin sie aus ihrer früheren Heimat an den Quellen des Oxus gewandert waren und wo sie Jahrhunderte verweilten, bis sie ihre gegenwärtigen Wohnsitze eroberten.*) Hier, im Gangesthal, entfaltete sich rasch ihr religiöses, politisches, sociales, intellektuelles Leben; hier versank es auch allmälig wieder in den Zustand der Stagnation, in dem wir es gegenwärtig finden.

Die Hindu, oder Arja, wie sie sich selbst nennen, sind ein Glied des indo-germanischen Stammes und waren ein kriegerisches Hirtenvolk, welches erst in seiner jetzigen Heimat verweichlichte.

Die Religion, welche sie in das Land der 7 Ströme mitbrachten, insoweit sie noch aus den hier entstandenen Hymnen des Rig-Veda erkennbar ist, war **monotheistisch**; aber es war jener „**Ur-Monotheismus**", wie Köppen ihn nennt,**) den wir auch im Schuking der Chinesen finden, der den Keim zur Ausartung in einen naturalistischen Polytheismus und Pantheismus schon in sich trägt. Die Eine Gottheit wird als persönliches Wesen gedacht, aber ihr Wirken und Walten wird vorge-

---

*) Zwischen 1800—1500 v. Chr. nach Dunkers Geschichte des Alterthums II. B. S. 27.

**) S. darüber: Apologetische Ergänzungen zur Fundamentaltheologie 1. Heft, S. 112. Prag 1863.

stellt als unmittelbar in den Naturerscheinungen offenbar werdend, die Naturkräfte sind die Organe ihres Willens. *) Der Himmel, der lichte Himmel, das himmlische Licht ist hier wie bei den Chinesen die vorstellbar gemachte Gottheit. An sich ist diese Gottheit geistig, unbegreiflich, unaussprechlich, wohnt im unzugänglichen Lichte. Ihren Funktionen nach in der Welt erhält sie verschiedene Namen; als schöpferische Macht heißt sie Indra, als erhaltende Varuna, als zerstörende Agni. Licht, Luft, Feuer sind ihre verschiedenen Wirkungskreise. **)

Diese Unterscheidung kommt schon in den ältesten Veden vor, ohne daß darüber das Bewußtsein der Einheit Gottes verloren gegangen wäre.

Auch ist sie nicht so konstant, daß nicht Varuna genannt würde oder Agni, wo es sich doch eigentlich um die Funktionen Indra's handelt. Indra ist ja Varuna und dieser ist Agni. Auch führen diese drei vielfach andere Namen und erhalten andere Wirkungskreise zugetheilt. Eine Glosse zum Rig-Veda sagt z. B.: „Drei sind der Gottheiten; Erde, Luft, Himmel ihre Gebiete; Agni, Vaju und Surja ihre Namen, wegen der Verschiedenheit ihrer Werke. Aber es gibt nur eine einzige Gottheit die große Seele, sie ist die Sonne, so wird überliefert, denn sie ist die Seele aller Wesen. ***)

Nach einer andern Tradition ist der Ewige Brahma Isvara zu unterscheiden von seinen drei ersterzeugten Wesen: Brahmâ, Vischnu, Siva, welche mit seiner Macht bekleidet in der Welt als Erzeuger, Erhalter und Zerstörer wirken, also gleich Indra, Varuna und Agni. ****)

(Ob in dieser Dreiheit von Göttern, der sogenannten Trimurti, eine Andeutung des christlichen Dogmas von dem Einen breipersönlichen Gotte liege, wie behauptet wurde; ist aus Obigem leicht zu beurtheilen.)

---

*) S. Chr. Lassens Indische Alterthumskunde I. B. S. 766 u. f. f.
**) Wuttke. Geschichte des Heidenthums II. Th. S. 241.
***) Colebrook Asiat. Rev. VIII. 396.
****) S. die Philosophie im Fortgang der Weltgeschichte von C. J. H. Windischmann über Hollwel's Fragmente. Indien. 1. B.

Mit der Auflösung des Begriffes der Einen Gottheit in eine Dreiheit war der Weg zum Polytheismus betreten. Jede unterschiedene Naturmacht oder jede auffallende Naturerscheinung wird als besondere Funktion der göttlichen Macht mit einem besonderen Namen bezeichnet, wird in der Vorstellung des Volkes ein besonderer Gott. Für die Phantasie ist hiermit ein weites Feld eröffnet und sie bevölkert auch den indischen Himmel mit einer unzählbaren Schaar von höhern und niedern Göttern.

Bemerkenswerth ist es hierbei, daß ungeachtet dieses Göttergewimmel sich fortwährend vermehrte und später auch in ein System gebracht wurde, dennoch das Bewußtsein der Einheit Gottes nie ganz verloren ging.

Die ursprünglich Eine und einzige Gottheit (Varuna, Indra oder Brahmā Jsvara), tritt allmälig in den Hintergrund *) oder wird als oberste Gottheit genannt. Die Brahmanen bewahren das Dogma von der Einheit Gottes bis heute als eine Geheimlehre.**)

2. Ein Grundzug der ältesten Religion der Inder ist ferner der Glaube an die Existenz von endlichen **geistigen Wesen**. Die Seelen der Menschen sind solche, durch die Gottheit entstandene Geister, welche persönlich unsterblich sind. Aber außer den Seelen der Menschen gibt es noch unendlich viele geschaffene Geister von verschiedener Stufe der Vollkommenheit, welche mit den in sinnlichen Leibern lebenden Geistern der Menschen zeitweilig in Verkehr treten, wohl auch im menschlichen Leibe auf Erden erscheinen und an den menschlichen Angelegenheiten rathend, helfend, belohnend sich betheiligen; ja sogar heirathen und Fürstengeschlechter gründen. ***)

---
*) Köppen erkennt in Varuna, dem Urgott der Arier, den Uranos der Hellenen, der aber, nicht wie in der griechischen Göttergeschichte von Zeus abgesetzt wird, sondern sich nur zurückzieht von dem Wirken in der Welt. Aehnliches findet sich auch in der Religion der Perser.
**) S. Nork. Die Götter Syriens (Einleitung).
***) Der Art sind die vielbesprochenen Inkarnationen des Brahmā, Vischnu, Siva, welche in der spätern Zeit eine bedeutende Rolle in der indischen Religionsgeschichte spielen und in unserer Zeit mit der Menschwerdung des Logos parallelisirt werden.

Dieser Geisterglaube kommt in den Veden allerdings nur in Andeutungen vor und wird erst in der Zeit der Epen am Ganges (wie die ganze indische Mythologie) weiter ausgebildet; — er muß aber als ein wesentliches Element der alten indischen Religion anerkannt werden; denn es erklärt sich aus ihm nicht bloß die spätere Gestaltung dieser, sondern es wird auch ein **drittes** Element derselben, die Seelenwanderung, verständlich, welche in den Veden eben auch nur angedeutet wird, aber als Inhalt des Volksglaubens schon vorhanden ist.

Jene höheren geistigen Wesen haben als solche die Macht, dem Menschen zu helfen, darum wenden sich diese in ihren Nöthen mit Gebeten und Opfern an sie, und zwar um so mehr, als der Ewige sich von dem Weltleben zurückzieht. Jene Geister werden auf diese Weise in der Vorstellung des Volkes zu Göttern, ohne daß dabei ihrer Kreatürlichkeit und in so weit ihrer Gleichheit mit dem Menschen vergessen würde.

Die Menschen rufen diese Götter um Hilfe an, aber nur wie mächtigere Wesen ihres Gleichen.*) Sie zürnen ihnen darum gelegentlich auch und drohen ihnen mit Entziehung der Opfer und gewöhnlichen Verehrung, wenn die Götter ihren Wünschen nicht genügen wollen.

Die diesen Göttern gewidmete Verehrung, das ihnen dargebrachte Opfer begründet eine Verbindlichkeit für diese Götter, zwingt sie, den Menschen zu helfen, wie etwa Aehnliches zwischen den Menschen selbst stattzufinden pflegt. Die Inder verkehren, wie gesagt, mit diesen Göttern als ihres Gleichen.**)

---

*) S. Wuttke Geschichte des Heidenthums II. Th. S. 341.

„Die indische Religion ist, selbst in ihren niedrigsten Entwickelungsstufen, schlechterdings kein wirklicher Polytheismus, und der Indier ist sich sehr wohl bewußt, daß diese einzelnen Götter nicht von Ewigkeit her sind und nicht von sich selbst, daß sie Kreaturen sind, wie er selbst, daß er ihnen ebenbürtig gegenüber steht, — und er läßt sie dieß fühlen."

**) Köppen und auch Dunker meinen, es hätte sich erst unter dem Einflüße der Priester der Glaube entwickelt, daß man durch Gebet und Opfer, weil diesen eine mysteriöse Kraft inne wohne, die Götter zwingen könne,

Diese Stellung des Menschen zu den sogenannten Göttern wird im ganzen Verlauf der indischen Religionsgeschichte, und auch noch im Buddhismus festgehalten; — daran muß man sich daher erinnern, so oft im Folgenden von Göttern, Götterhimmel, u. dgl. die Rede ist.

Es sind demnach zwei Wege, auf welchen die Inder zu einer Vielheit von Göttern gelangt sind: die Unterscheidung und verschiedene Benennung der einzelnen Richtungen des Waltens der Einen göttlichen Macht in der Welt, und die Uebertragung dieser auf höhere geistige Geschöpfe als Organe der Einen Gottheit. Es wird aber später immer schwerer zu beurtheilen, ob diese oder jene Gottheit in die erste oder zweite Kategorie zu rechnen sei.

3. Eine dritte, der alten indischen Religion wesentliche Lehre ist jene von der Seelenwanderung. Diese Lehre findet sich allerdings auch außer Indien schon in ältester Zeit; aber nirgends hat sie in ihrer Entfaltung einen solchen Einfluß auf das gesammte Leben des Volkes genommen als hier. In Indien selbst hat diese Lehre einen anderen Sinn im Glauben des Volkes und einen anderen in den spekulativen Theorien der Schule.

Im traditionellen Bewußtsein des Volkes hat die Seelenwanderung zu allen Zeiten, und wir möchten hinzufügen, überall nur einen und denselben Sinn; sie ist der Weg der Buße für begangene Sünden, der Reinigung und Läuterung, wodurch die Menschenseele wieder in den glückseligen Zustand zurückkehren kann, in welchem sie sich ursprünglich als rein geistiges Geschöpf befunden hat, — wodurch sie wieder zur Einigung mit der Gottheit zur Huld und Gnade derselben gelangen kann, die sie durch eine Auflehnung gegen die göttliche Ordnung verloren hat.

Das Leben im sinnlichen Leibe erscheint den Indern als ein Leben der Strafe, der Buße für ein Vergehen, dessen sich die Seele schuldig machte, bevor und um dessentwillen sie in den Leib

---

dem Menschen zu dienen. Auch abgesehen von dem Glauben an eine solche Kraft der Gebete und Opfer, konnten die Inder mit diesen einen moralischen Zwang auf die Götter auszuüben vermeinen, nach obiger Vorstellung ihres Verhältnisses zu selben.

verbannt wurde. Das Dasein in der Sinnenwelt und die Wanderung in ihr ist also nur ein zeitweiliges, aus welchem Erlösung gehofft wird, — eine Erlösung, die sich jeder Menschengeist **selbst verdienen muß** — und welche der Eine früher, der Andere später erreicht. Ja, die **Sinnenwelt selbst** ist, als bloße Buß- und Strafanstalt, in ihrer Existenz **nur zeitweilig**; sie war uranfänglich nicht und wird nach dem Ablauf der Zeit, welche für die Reinigung und Läuterung der Sünder festgesetzt ist, wieder in Nichts zurücksinken.

Die Welt ist gegenwärtig in einem nicht sein sollenden Zustande, das Leben auf Erden ist voll Leiden und Elend für den Menschen. Die Ursache dieser Übel ist zuletzt **eine freie That** des Menschengeistes.

Aber dieser Zustand der Welt und des Lebens ist kein bleibender, unwandelbarer, ewiger. Er wird ein Ende nehmen und ihm wird ein anderer Zustand, ein Leben ohne Sünde, ohne Übel, ohne Leiden, ohne wiederholten Tod folgen.

Diese Auffassung der Welt und des Lebens wurzelt so tief im Bewußtsein des indischen Volkes, daß keine Einflüsse von Außen während mehreren Jahrtausenden sie zu vertilgen vermochten.

Die Theologie der Priester, die Spekulation der Schule hat sie, wie wir hören werden, umzudeuten versucht, aber ohne vollständigen und bleibenden Erfolg.

Diese Welt- und Lebensanschauung ist übrigens andern Völkern **nicht fremd**. Überall finden wir die Tradition von dem Sündenfalle als der Quelle des Übels in der Welt, — überall wird der Zustand der Welt, des Menschen als ein nicht sein sollender vorgestellt, der in Folge der Sünde des ersten Menschen entstanden ist.

Allein, nicht überall wird der Jammer des Daseins so lebhaft gefühlt als in Indien. *)

---

*) Wenn die indische Tradition von dem Sündenfall der geistigen Geschöpfe alles Uebel in der Welt herleitet und den Menschengeist als einen jener von Gott abgefallenen Geister darstellt, der erst nach dem Falle in den Leib verbannt ward; so ist ihr doch auch das Faktum des Sündenfalles

Die älteste Vorstellung von der Seelenwanderung erscheint bei weitem nicht so phantastisch als ihre spätere Ausbildung durch die Brahmanen, welche wieder von jener der Buddhisten weit übertroffen wird. Die Wanderung umfaßt in der alten Tradition nur 8 thierische Leiber, aus welchen die Seele in den menschlichen Leib gelangt, um von da bei günstigem Erfolg in das Reich der reinen Geister zurückzukehren. *)

Jede Sünde muß gebüßt werden, dieß ist das Gesetz, von dem keine Abweichung, keine Ausnahme möglich ist. Darum kann auch die in der Läuterung bereits vorgeschrittene Seele durch neue Vergehen ihre Buße von neuem zu beginnen genöthigt sein. Die Überzeugung von der Existenz dieser unverbrüchlichen moralischen Ordnung in der Welt, die auf dem Willen des Ewigen beruht, werden wir auch noch als einen wesentlichen Bestandtheil der Grundlage des Buddhismus finden.

4. Vor der Eroberung ihrer jetzigen Heimat lebten die Inder in einer patriarchalischen Verfassung, die überall als die uranfängliche, naturwüchsige erscheint. Das Haupt der Familie war zugleich ihr Priester, das Haupt des Stammes war zugleich der

---

der ersten Menschen, wie es die Genesis berichtet, nicht unbekannt. (Siehe Lüttke die Tradition der Völker S. 82.) Vorwiegend bleibt aber ein Volksbewußtsein die erste Auffassung der Entstehung des Uebels.

*) Das Gesetzbuch des Manu jedoch unterscheidet schon 3 Klassen von Existenzen, in jeder von diesen wieder 3 Unterklassen, welche wieder viele Arten umfassen. Die Guten gehen in die Klasse der übermenschlichen Wesen, Götter (Devatuam), ein, die noch von Eigennutz Behafteten in die Menschenklasse, die von sinnlicher Begier Befangenen in die niederste, der Thiere, Pflanzen, Steine.

In der obersten Hauptklasse sind die niedersten: Büßer, fromme Bettler und Brahmanen, die Himmelsschaaren, die in Luftwagen fahren. Dann kommen die Opferer, die Genien und die der Vollendung nahestehenden Geister. Endlich wird diese Klasse geschlossen durch Brahma.

Die unterste Klasse der zu durchwandernden Existenzen umfaßt: Steine, Bäume, Gräser, Würmer, Ungeziefer aller Art, Fische, Schlangen, Schildkröten ꝛc. Die Art, in der man sündigt, bestimmt die Existenzform für die nächste Wiedergeburt. S. Windischm. S. 1662 u. f. f.

oberste Priester, der als solcher die Opfer darbringt. Der Vertreter der Familie oder des Stammes gegenüber der Welt ist auch ihr natürlicher Vertreter gegenüber der Gottheit, — der Beherrscher des Lebens in Bezug auf die materiellen, zeitlichen Interessen, ist es auch in Bezug auf die geistigen, ewigen. Es gibt noch keine Trennung der geistlichen und weltlichen Gewalt, keinen besonderen Priesterstand. Es gibt überhaupt noch keine Kasten.

Erst nach der bleibenden Niederlassung am Ganges und der Entwickelung des Ackerbaues gipfeln die Oberhäupter mehrerer Stämme in einem Könige und die Macht jener theilt sich. Neben die Könige treten die Priester als ein besonderer Stand, der aber eine Würde beansprucht, die ihn über den König und den Adel (Kschatrija) erhebt. Wie der Adel und das Königthum, so ist auch das Priesterthum erblich. Die wichtigste Aufgabe desselben ist, neben dem Opferdienst das Studium der Veden, des Gesetzbuches Manu's und der übrigen heiligen Schriften. Nur die zwei obern Kasten Kschatrija und Vaicj dürfen außer den Brahmanen noch die heiligen Schriften lesen, die Çudrás erfahren deren Inhalt von jenen, insoferne sie der Kenntniß desselben bedürfen, da sie eigentlich von allen Cultusakten ausgeschlossen sind. Die verdrängten, aber nicht besiegten schwarzen Urbewohner des Landes werden als die natürlichen Feinde verabscheut und kaum als Menschen erachtet. Diejenigen, welche sich unterwerfen, bilden die niederste Kaste, über welcher sich andere, aus der Vertheilung der Arbeit konstituiren. Man zählt im Allgemeinen nur 4 Kasten, aber in mehreren, besonders der 3. viele Abtheilungen. Diese Scheidung wird später immer schroffer und endlich als eine Anordnung Gottes dargestellt, von der abzuweichen als das schwerste, hart zu büßende Verbrechen gilt. *)

---

*) Wenn Köppen meint, ein besonderer Priesterstand habe sich in Folge dessen gebildet, daß die Könige zur Besorgung der geistlichen Geschäfte Hofbrahmanen sich wählten, die dann ihr Amt auf ihre Söhne vererbten; so ist dieß eine willkürliche, mit der Geschichte nicht zusammenstimmende Erklärung. Priester werden schon in den alten Veda's erwähnt. Angemessener erscheint die Erklärung, welche Windischmann gibt. Bei der Ausdehnung der fürstlichen Macht und den häufigen Kriegen habe die priester-

b) Indische Theologie und Philosophie.

5. Mit der Sonderung des Priesterthums vom Königthum, mit der Ausbildung einer sogenannten Priesterkaste am Ganges entwickelt sich die indische Theologie und Philosophie, aber es wird auch das Wesen der alten Religion, und der Charakter des Volkes alterirt.

Das Gewimmel der Götter, welches die Phantasie des Volkes immer größer und verworrener macht, wird geordnet, systematisirt und dabei die Festhaltung der Einheit Gottes angestrebt. Die Eine höchste Gottheit wird nun als **Brahma** bezeichnet, gleichbedeutend mit **Agni**, dem Gott des Opferfeuers, des Gebetes oder, wie Köppen sagt, die Personifikation des Gebetes, der Priestergott; doch, wenn Agni, Indra, Varuna, ursprünglich nur eine und dieselbe Persönlichkeit bezeichneten, wie wir gesehen, so haben wir hier insoferne nur eine Namensänderung. Brahma ist Agni, und Agni ist Varuna und Indra.

Allein, die Auffassung des Verhältnisses der Gottheit zur Welt wird immer entschiedener **hylozoistisch, pantheistisch**; der Keim dazu lag allerdings schon in dem oben erwähnten Ur-Monotheismus.

Mit der Systematisirung der Götterwelt verbindet sich die **Organisirung des Cultus**, und es versteht sich, daß dieser, um den verschiedenen Eigenthümlichkeiten der einzelnen kreatürlichen

---

liche Würde und Macht der älteste Sohn des Stammfürsten oder Königs für sich und seine Nachfolger behalten und die Besorgung der weltlichen Angelegenheiten seinen jüngern Brüdern überlassen. Daraus begreift sich denn wohl die Überordnung der Brahmanen über die Fürsten, welche jene als ein historisches Recht beanspruchen und dabei von dem Volke gegen die Fürsten unterstützt werden, so daß der Kampf um die Oberherrschaft mit der Unterwerfung der Fürstengeschlechter und ihrer theilweisen Vertilgung endete. — Wuttke meint: Die Brahmanen bilden einen Stamm, eine Kaste — aber keine Korporation, sie können auch nur uneigentlich als ein Priesterstand bezeichnet werden; denn sie verwalten kein ihnen übertragenes Amt, von dem andere Stämme schlechthin ausgeschlossen wären; — sie bilden daher auch nicht den Klerus einer Kirche, von welchem hier überhaupt nicht die Rede sein kann. S. Wuttke §. 113, die Kirche.

Götter und dem Urbrahma angemessen zu sein, sehr vielgestaltig wird. Auf Grundlage der Überzeugung, daß das Leben eine Zeit der Buße und Läuterung sei, entwickelt sich ein System der Sittenlehre und Askese, in welchem sich scharf ausgeprägte Regeln für jede Thätigkeit des Menschen finden, für das Essen und Trinken, Gehen und Stehen, Liegen und Schlafen, Grüßen und Danken, Anreden und Berühren, Baden und Salben, Feueranzünden und Löschen, Kaufen und Verkaufen, Fahren und Reiten u. s. f. bestehen genaue Vorschriften, deren Verletzung Sünde wäre. Dazu kommen die Gesetze über die Verunreinigung nicht bloß durch Berührung eines Leichnams, sondern schon durch Betreten eines Ortes, wo Überreste eines menschlichen oder thierischen Leibes gelegen haben, durch den Athem eines Menschen, der Zwiebel gegessen, geistige Getränke getrunken, durch den eigenen Schweiß, Speichel und andere Absonderungen u. s. f.

Da jede Übertretung jener Regeln und jede solche Verunreinigung abermals als Sünde gilt und somit den Proceß der Reinigung und Läuterung nicht bloß verzögert, sondern rückgängig macht, eine abermalige Wiedergeburt zur Buße nach sich zieht und die Erlösung aus dem Jammer des irdischen Lebens wieder in die Ferne rückt; *) so muß man wohl zugestehen, daß unter der Herrschaft dieser Lehre, unter dem geistigen Druck, den sie auf das Volk ausübte, ein Überdruß, ein Ekel am Leben, eine Sehnsucht nach Befreiung von aller Existenz sich als herrschende Stimmung ausbilden mußte. Der gewissenhafte Inder war nicht bloß genöthigt, wo möglich einen eigenen, im Gesetze bewanderten Brahmanen für sein Haus zu halten, um das Ceremonielgesetz genau befolgen zu können, er blieb bemungeachtet in jedem Augenblick der Gefahr aus-

---

*) Das Gesetz des Manu sagt:
Der Brahman, welcher gestohlen hat, wird als Spinne oder Schlange wiedergeboren, wer Getreide gestohlen, als Ratte, wer Wasser gestohlen, als Ente, ꝛc. Wer andere Wesen verletzt hat, wird ein Roßfleischesser, wer ißt, was zu essen verboten ist, wird ein Wurm. Die Strafen für dasselbe Vergehen sind nach den Kasten verschieden. Die orientalische Phantasie zeigt sich hier entsetzlich fruchtbar im Erfinden und Ausmalen der Strafen.

gesetzt, durch das geringfügigste Übersehen, die Frucht eines ganzen frommen und gesetzlichen Lebens zu verlieren. *)

6. Was die eigentlich moralischen Gesetze anbelangt, so lauten sie in der älteren Zeit ziemlich richtig.

„Es genießt der Mensch das Heil oder Verderben, welches aus dem Herzen entsteht, durch das Herz, das durch die Rede vollbrachte gute oder böse Werk durch die Rede, und das körperliche Werk durch den Leib."

Reinigung von sinnlichen Begierden, Bezähmung des Zornes und aller Leidenschaften, Enthaltung von Diebstahl, Verletzung, Tödtung lebender Wesen, Ehrfurcht gegen die Aeltern und Lehrer, Gerechtigkeit und Liebe gegen jedes Geschöpf fordert das Gesetz des Manu.

„Studium der Veda's, Buße, Erkenntniß und Bezähmung der Sinne, Nichtverletzung (der Kreaturen) und Verehrung des Lehrers ist das höchste Seligkeit machende."

„Eins von allen diesen guten Werken ist heilbringender, wegen der Beziehung auf Puruscha, — nämlich die Erkenntniß des Geistes, Atma, ist das Höchste, das Vorzüglichste, denn daraus wird Unsterblichkeit erlangt."

Die Ablenkung von der Welt, die ausschließliche Beschäftigung des Denkens mit Brahma, die Vertiefung in diese Gedanken, das gänzliche Untergehen des Ichbewußtseins im Gott Denken, ist das höchste Ziel, welches angestrebt wird, die höchste Vollkommenheit, zu der sich die Heiligen erheben, zu der aber nur die 3 höheren Kasten der Brahmanen Kschatrijas und Vaicja's gelangen können.

Dieses Denken an Gott tilgt selbst die Sünden und reinigt von ihnen, durch selbes wird der Geist wieder mit Brahma geeinigt über alles irdische Elend zum wahren, seligen Leben erhoben.

Die Askese, welche zu diesem Ziele führt, fordert Fasten,

---

*) Dieses Gesetz übt seinen Druck jedoch nicht bloß auf die niederen Kasten, sondern vorzüglich auf die höheren, am meisten auf die Brahmanen selbst. Siehe Dunker's Geschichte des Alterthums S. 60.

Anhalten des Athems, starres Hinblicken auf einen Punkt, besonders in die Sonne, Zurückziehen in die Einsamkeit, Tragen alter Kleider, Leben vom Bettel und Selbstpeinigungen in allen den, der Phantasie erfindbaren, Formen. Doch handelt es sich bei diesen Qualen nicht mehr um Buße für begangene Sünden, sondern um Ueberwindung, Unterdrückung aller Sinnlichkeit, worin man zuweilen bis zur Selbsttödtung fortschreitet. Ueber diese Selbstpeinigungen hinaus liegt noch die Stufe der gänzlichen Gleichgiltigkeit gegen Schmerz und Lust.

7. Diese Dogmatik, Moral und Askese, welche auf die Vedas sich stützte, erhielt aber in den theologischen Schulen selbst,*) welche die Bewahrung des richtigen Verständnisses der Tradition zur Aufgabe hatten, allmälig einen pantheistischen Sinn. Wie schon oben angedeutet wurde, neigte der Urmonotheismus der Vedas bereits zum Hylozoismus und Pantheismus, jetzt geht die Lehre der Vedantaschule entschieden in solchen über. Die Entstehung der Welt wird als Emanation derselben aus Brahma erklärt. Die Gottentfremdung und Sündhaftigkeit des Menschen, das Uebel in der Welt, welches in der alten Lehre als Folge einer freien That der Geschöpfe vorgestellt, also auf eine ethische Ursache zurückgeführt worden, wird jetzt spekulativ aus einer kosmischen Ursache erklärt. Die Weltentstehung selbst ist nun das Entstehen des Bösen und des Uebels, — die Welt an sich ist ein Nichtseinsollendes und darum alles Lebende unselig.**) — Die Welt ist ein Nichtiges, bloß scheinbar Seiendes, eine Täuschung, ein Traum; nur Brahma ist ein wahrhaft Seiendes, unwandelbar Bestehendes.

Erlösung aus diesem Elend ist nur möglich durch Rückkehr in Brahma, durch Wiederauflösung der Sonderexistenz in das Sein Brahma's, — also durch Zurücksinken der Geschöpfe, der Welt in das Urseiende. Der Strom des endlichen Daseins, der vom

---

*) Mimansa, (Forschung), (Purva-Mimansa, Brahma-Mimansa), letzterer die spekulative Fraktion, vorzugsweise Vedanta (Ende des Veda) genannt.
**) Richtig bemerkt Köppen: Die Geschöpfe sind unselig in Folge der Sünde Brahmas, der sie leichtsinnig entstehen macht, da er doch weiß, daß sie elend sein werden. Also nicht ihre eigenen Sünden müssen die Geschöpfe büßen, sondern die Sünde Brahmas.

Brahma aus geht, muß in Brahma zurückkehren. Der Weg der Befreiung vom Schmerz, der Erlösung aus dem Elend des individuellen Daseins, der Erhebung über das Wiedergeborenwerden ist damit bezeichnet.

Alles, was zur bleibenden Auflösung des individuellen Daseins, der Energie des konkreten Lebens führt, führt zur endlichen Erlösung. Also — Abschwächung der Begierde, des Lebenstriebes, der Lebensthätigkeit überhaupt ꝛc.

Allein, der Vollkommene erreicht hier schon Befreiung von allem Elend auf dem Weg der Meditation, die ihn zur Einsicht führt, daß alles Dasein Traum, Täuschung, Wahn sei, und daß er selbst, sein Ich, nur Besonderung Brahma's sei. Die Vertiefung in diese Erkenntniß erhebt den Weisen über den Jammer des Daseins.

Diese spekulative Umdeutung der alten Lehre hat allerdings unmittelbar vorerst keinen Einfluß auf den Volksglauben geübt, sie blieb meist auf die Schule beschränkt, aber sie hat den Weg zu anderen spekulativen Theorien über die Lehre der Veden gebahnt, zu einer Reaktion gegen die drückende Herrschaft der Brahmanen und schließlich auch zum Buddhismus.

In Betreff des Letzteren haben wir hier nochmals zu erinnern an den oben erwähnten Kampf zwischen den Brahmanen und den Kschatrias um den Vorrang oder die Herrschaft. Die Letzteren unterliegen, wie schon gesagt, aber damit war der Krieg gegen die Brahmanen-Herrschaft von ihrer Seite nicht geendet, — er nahm später eine andere Form an. Die Herrschaft der Brahmen stützte sich vorzugsweise auf die Auktorität der Veden. Mit der Verwerfung der Auktorität der Veden mußte das Ansehen der Brahmanen sinken, und so sehen wir in den letzten Jahrhunderten vor Buddha mehrfach spekulative Köpfe aus der Kschatrija-Kaste offen gegen die Auktorität der Veden polemisiren und spekulative Schulen gegenüber der Vedanta gründen, die von dieser als häretische bezeichnet werden.*)

---

*) Insoweit ist es daher begründet, wenn man sagt, die durch Buddha intentirte Reform sei eigentlich ihrer Wurzel nach eine sociale gewesen.

Zu diesen zählt auch die Sankhja-Schule, welche als die unmittelbare Quelle der Buddhalehre betrachtet wird. Als Gründer dieser Schule wird Kapila, etwa 100 Jahre vor Buddha, genannt. Der Zweck alles Philosophirens ist nach Kapila Befreiung vom Schmerz durch Befreiung von dem individuellen Dasein und der Wiedergeburt.

Die in den Veden und den übrigen Traditionen angegebenen Mittel reichen dazu nicht hin; z. B. die Thieropfer, welche auch nicht jeder erschwingen kann (300—600 Pferde zum Pferdeopfer).

Das einzige Mittel ist die richtige Erkenntniß der Verschiedenheit der Seele vom Leibe. Die Seele, welche diese ihre Verschiedenheit vom Leibe erkannt hat, wird nicht wiedergeboren, geht keine neue Verbindung mit einem solchen ein. Seelen und Materie sind die zwei, von Ewigkeit her existirenden Bestandtheile der Welt. Eine Gottheit über beiden gibt es nicht.

Die Seelen sind erkennend, aber nicht schaffend, die Materie ist schöpferisch, aber nicht erkennend. Jede Seele ist uranfänglich mit einem Leibe verbunden und wechselt den gröberen Theil desselben durch Tod und Wiedergeburt. Ueber das Schicksal der endlich bleibend von dem Leibe getrennten Seele wird keine Auskunft gegeben.

Ob dieser atheistische Dualismus der Sankhja-Philosophie wesentlichen Einfluß auf Buddha selbst gehabt, ist wohl weniger gewiß, als daß er in der spekulativen Theorie der ältesten buddhistischen Schule sich wieder erkennen läßt.

8. Obige Andeutungen über die Vorgeschichte des Buddhismus dürften zum Verständniß des Letzteren hier genügen. Wir weisen nur noch einmal auf die wichtigsten Punkte hin.

Das Gottesbewußtsein der Inder ist ursprünglich monotheistisch; es entartet aber alsbald in Polytheismus. Ueber diesen Polytheismus der Volksreligion erhebt sich die spekulative Theologie der Vedanta zum Hylozoismus und Pantheismus. Die Philosophie der den Vedas feindlichen Schulen wird schon in der Zeit vor Buddha endlich entschieden atheistisch.

Dieser Bewegung des indischen Gottesbewußtseins entspricht die Bewegung der indischen Lebensauffassung. Der Mensch, die Welt befinden sich in einem nichtseinsollenden Zustand, in einem Zustand mannigfaltigen Elendes. Der Mensch, die Welt bedürfen der Befreiung, der Erlösung aus diesem Zustand — und — sie können und sollen sich s e l b st aus demselben befreien. Dieß ist die gemeinsame und unveränderliche Ueberzeugung der Inder durch alle Jahrhunderte.

Aber — nach der ältesten Anschauung des Volkes ist jener Zustand aus einer f r e i e n T h a t der geistigen Geschöpfe hervorgegangen, — ist ein Zustand v e r d i e n t e r S t r a f e und kann nur durch f r e i w i l l i g e D u l d u n g derselben u n d B e s s e r u n g aufgehoben werden. Die spekulative Theorie der Vedantaschule hingegen, deutet diesen e t h i s ch e n Vorgang des Abfalls und der Versöhnung mit Gott als k o s m i s ch e n Vorgang des Ausströmens der Welt aus Brahma und des Wiederauflösens in Brahma. Die atheistische Sankhja-Schule erblickt die Quelle aller Uebel in der u r s p r ü n g l i ch e n V e r b i n d u n g der Seele mit einem materiellen Leibe. Die Loslösung von dieser Verbindung wird eben nicht bloß von ihr, sondern überall als die nächste Bedingung zur Erlösung gedacht.

Die Idee einer Sühnung durch Stellvertretung scheint der alten Volksreligion nicht fremd gewesen zu sein; denn schon in den ältesten Veden wird der Thieropfer erwähnt. Dieser Opferkult erhält sich auch, aber seine Bedeutung ist vergessen und die Vedantaschule weiß sie ebenso wenig wieder zu gewinnen, als die häretische Spekulation der Sankhja, welche die Opfer schlechthin für unnütz erklärt, weil sie ihren Sinn nicht mehr versteht. Wohin aber dieser Weg der Selbsterlösung führen könne, wird uns der Buddhismus lehren.

II. Die Lehre Buddhas.

9. Da es sich für uns nur um die Beantwortung der Frage handelt: Ob und in wie ferne man berechtigt ist, Buddha und Christus, den Buddhismus und das Christenthum neben einander zu stellen; so kann man hier keine ausführliche und vollständige Darlegung der Lehre Buddhas und deren Schicksale erwarten. Unsere Aufgabe verlangt nur eine Hervorhebung und Beleuchtung der Principien und jener Punkte dieser Lehre, in Bezug auf welche man eine Vergleichung mit der Lehre Christi wirklich angestellt hat. Um hierbei keiner absichtlichen Entstellung des Buddhismus beschuldigt werden zu können, wollen wir uns, wie schon im Eingange bemerkt wurde, vorwiegend an Köppens Werk über den Buddhismus halten.

Da die Sagen über Buddha's Leben oder, wie es Köppen nennt, das buddhistische Evangelium nur aus der Lehre Buddha's verständlich wird, so wollen wir mit dieser beginnen und über Buddha selbst nur vorläufig bemerken, daß der Stifter des Buddhismus gewöhnlich Buddha, der Erleuchtete oder Çakjamuni, der Einsiedler aus dem Stamme der Çakja genannt, zu Ende des 7. Jahrhunderts vor Christus geboren und in der ersten Hälfte des 6. Jahrhundertes gestorben sein soll.

Seine Lehre erhielt sich während des ersten Jahrhundertes nur durch die mündlichen Ueberlieferungen seiner Schüler, welche endlich gesammelt, mit den Kommentaren der Schulen vermehrt wurde.

Ungeachtet einer theilweisen Vernichtung dieser Sammlung, sollen die buddhistischen Schriften, welche mehr oder weniger allgemein als heilige gelten, mehrere Hundert Bände umfassen.

Wie schon im Eingange bemerkt wurde, ist man erst in neuſter Zeit in der Lage, die urſprüngliche Lehre Bubbha's mit Wahrſcheinlichkeit von den ſpäteren Zuſätzen, Umgeſtaltungen und Verbildungen zu unterſcheiden.

Die urſprüngliche Lehre Bubbhas ſcheint ſich auf wenige Hauptſätze zurückführen zu laſſen, die ſogenannten 4 erhabenen Wahrheiten. Sie ſollen nicht bloß das Thema der erſten Predigt geweſen ſein, welche Çakjamuni hielt, nachdem er die Bubbhawürde erlangt hatte, ſie bilden auch das Grund=Thema der geſammten bubbhiſtiſchen Literatur, über welches die orientaliſche Phantaſie endloſe Variationen zu Tage fördert, die aber ob der Armuth ihres Gedankeninhaltes langweilig werden.

Jene vier erhabenen Wahrheiten ſind: der Schmerz, — die Erzeugung des Schmerzes, — die Vernichtung des Schmerzes, — der Weg, welcher zu dieſer führt. Die beiden erſten dieſer erhabenen Wahrheiten bilden die Grundlage der Dogmatik, — die beiden andern jene der Moral und Askeſe.

A. Dogmatiſche Grundlage.

α) Die Weltauffaſſung Bubbhas.

10. Der Schmerz iſt eine Thatſache. Die Welt iſt ein Ocean des Jammers und Elendes. Alles Daſein iſt mit Schmerz verbunden. Dieß iſt die erſte wichtige Wahrheit, zu deren Erkenntniß man gelangt durch ein Nachdenken über Geburt, Alter, Krankheit und Tod, denen alles Daſein unterworfen iſt. — „Alle Schätze ſind der Erſchöpfung unterworfen, alles Erhabene dem Falle, alles Verſammelte der Zerſtreuung, alles Lebende dem Tode. Alles Sichtbare iſt vergänglich, alles Geborne endet in Trauer, aller Glaube gebührt dem Reich der Leerheit, alles beſteht nur in der Einbildung."

Es gibt nichts in Wahrheit Beſtehendes, Dauerndes, Unvergängliches weder als Zuſtand eines Seienden, noch als ein

Seienden selbst. „Alles besteht nur in der Einbildung." Weder die Seele, noch die Materie, noch Brahma ist ein solches.

Buddha geht hiermit über die spekulative Hypothese der Vedantaschule wie über jene der Sankhja=Philosophie hinaus. Hatte jene die Realität der Welt und diese die Realität Brahmas geläugnet, so läugnet Buddha Beide. Die Welt ist nur Schein, — Traumbild, — sie ist ohne einer, ihr zu Grunde liegenden Wesenheit, — sie ist wesenlos, nichtig, aus dem Nichts erhoben und in das Nichts zurücksinkend; sie gleicht der Wasserblase, die sich bildet, schimmert, zerplatzt. (Ein oft wiederholtes Gleichniß der Buddhisten.)

„Aller Glaube gebührt dem Reich der Leerheit." Zu dieser Einsicht der Wesenlosigkeit, Nichtigkeit der Welt muß man sich zunächst erheben.

Worin der Grund des buddhistischen Weltschmerzes liege, ist hiermit gesagt.

Der Mensch kann allerdings nicht in einem bloß zeitweiligen, vorübergehenden Leben, so angenehm und reich an Genüssen es auch sein möchte, seine Befriedigung finden. Das Bewußtsein, daß der glücklichste Zustand vergänglich sei, hebt den Genuß desselben auf, verwandelt ihn in Trauer. Nur in einem unwandelbaren, ewig dauernden Lebenszustand vermag der Mensch Befriedigung zu finden. Nach Buddha gibt es aber einen solchen für das Lebende überhaupt nicht, weder in der Gegenwart noch in der Zukunft, und darum ist das Dasein selbst ein Uebel, die Quelle des Schmerzes.

Der Mensch, die Welt ist demnach in einem nichtseinsollenden Zustand; dieser Zustand ist jedoch unverbesserlich, die Herstellung eines seinsollenden Zustandes ist nicht möglich. Die Vergänglichkeit alles Daseienden streitet dagegen.

Der Mensch, die Welt bedarf der Erlösung aus diesem Zustande, aber sie sind nur erlösbar durch Auflösung. Erlöschen, Zunichtewerden.

Zum vollen Verständniß dieser tragischen Lebens= und Weltanschauung muß jedoch noch Eines hinzugefügt werden, nämlich: daß Buddha das alte Dogma von der Seelenwanderung als

Ariom voraussetzt und eben darum schon die **Geburt** als eine Manifestation des Weltübels erkennt.

Dem Vorhergesagten zu Folge könnte es scheinen, als läge für Buddha das Mittel der Erlösung aus dem Jammer des Daseins nahe genug, nämlich im sogenannten **Selbstmord**. Allein — an dieses Rettungsmittel kann ein Indier gar nicht denken. Der Tod des Leibes ist ja für ihn nicht das Ende des Daseins überhaupt, sondern nur das Ende einer bestimmten Form desselben, dem die Wiedergeburt in einer vielleicht noch schlimmeren Form folgen wird. Die Quelle des Elendes liegt für ihn tiefer, ihm könnte darum auch nur durch ein radikaleres Mittel geholfen werden, durch einen Selbstmord in der umfassendsten Bedeutung des Wortes, durch gründliche und vollständige **Selbstvernichtung**.

In der Erinnerung an diese Voraussetzung der dem Tode folgenden Wiedergeburt läßt sich erst verstehen, in **welchem Maße dem Indier die Welt ein Ocean des Jammers heißen kann**, und warum Buddha die Thatsächlichkeit des Schmerzes als die **erste** der vier erhabenen Wahrheiten seiner Lehre bezeichnet, von deren Erkenntniß alles Streben nach Weisheit ausgehen müsse.

11. Verweilen wir bei diesem ersten buddhistischen Dogma.

Sein Zusammenhang mit der Lehre der Sankhja-Schule, wie mit jener der Vedantaschule ist klar; ja es ist nicht zu verkennen, daß dieses Dogma in der ältesten indischen Weltanschauung wurzle, obschon es andererseits wieder von dieser in **wesentlichen** Beziehungen sich unterscheidet. Das über die Vorgeschichte des Buddhismus Gesagte mag als Beleg dafür dienen.

Wie verhält sich aber diese Grundlehre des Buddhismus zur christlichen Dogmatik?

Wie die Bewunderer des Buddhismus versichern, wird man unwillkürlich bei **jener** an **diese** erinnert. Denn auch nach christlicher Lehre ist die Erde ein Thal des Jammers und der Thränen, — der Mensch, die Welt, befinden sich in einem nicht seinsollenden, abnormen Zustand; sie bedürfen der Erlösung, der Befreiung aus ihm. Alles irdische Dasein ist vergänglich und darum keine Befriedigung gewährend. Alter, Krankheit und Tod sind auch nach chriſtlicher Auffaſſung ein Uebel, ein Zeugniß, daß dieſes Leben, kein wahres iſt, daß der Menſch hier auf einer Wanderung begriffen, daß er erſt dann Ruhe, Frieden finden könne, wenn er dieſem wandelbaren, vergänglichen Daſein für immer entriſſen wird. Und, wenn die Buddhiſten in endloſen Schilderungen des Elends und Jammers, der Eitelkeit und Nichtigkeit alles Irdiſchen ſich ergehen, ſo ſtehen ihnen bekanntlich viele chriſtliche Lehrer hierin nicht nach.

Die Identität oder doch die Aehnlichkeit der buddhiſtiſchen Welt- und Lebensanſchauuug mit der chriſtlichen ſcheint demnach für Jedermann einleuchtend, der beide auch nur flüchtig mit einander vergleicht.

Bei einer flüchtigen Vergleichung mag die chriſtliche Welt- und Lebensauffaſſung der buddhiſtiſchen verwandt ſcheinen, wir wollen aber näher zu ſehen, ob dieſer Schein ein trügeriſcher ſei oder nicht.

Der chriſtlichen Lehre nach iſt der gegenwärtige Zuſtand des Menſchen, der Welt, allerdings ein bloß zeitweiliger und er iſt auch in einer Hinſicht ein nichtſeinſollender, welcher für den Menſchen mit mannigfachen Leiden und Elend verbunden iſt. Der Menſch, die Welt bedarf der Befreiung aus dieſem Zuſtande.— Allein, dieſer Zuſtand des Menſchen, der Welt, iſt in Folge freier Verſchuldung der Geſchöpfe eingetreten, — er iſt nicht der uranfängliche Zuſtand, — er iſt auch nicht unaufhebbar, er wird in Folge der freien That des gottmenſchlichen Erlöſers und durch dieſen am Ende der Zeit aufgehoben werden.

Das gegenwärtige Leben auf Erden iſt ein zeitweiliges, mit Leiden erfülltes, es iſt nicht das wahre Leben; — aber — ihm kann und wird ein wahres, ſeliges, keinem Wandel, keinem Leiden unterworfenes Leben folgen. Ruhe, Friede iſt wohl für den Chriſten erſt dann zu finden, wenn er dieſem irdiſchen Leben entnommen iſt, — aber nicht in der Vernichtung kann und ſoll er dieſe Ruhe finden, ſondern in den vollen, wahren, unwandelbaren Leben, in der bleibenden, perſönlichen Lebensgemeinſchaft mit ſeinem Schöpfer ſoll er die höchſte und vollſte Befriedigung ſeines Lebens finden, deren das Geschöpf fähig ist und zu der es nur durch Theilnahme an dem Leben des Schöpfers gelangen kann.

Die thatsächliche Wandelbarkeit und das mannigfache Elend des irdischen Daseins führt den Buddhisten zur extremsten Verzweiflung an allem Leben und Dasein, zur Sehnsucht nach einem ewigen Tod und zu einer Resignation, welche gegen Leid und Freud sich abzustumpfen bemüht ist. — Den Christen führt jene Thatsächlichkeit zur freudigen und zuversichtlichen Hoffnung, auf ein unwandelbares, ewiges, seliges Leben; zu einer Hoffnung, welche ihm Muth gibt, den Jammer des irdischen Daseins zu tragen.

Die christliche Lehre über den Grund des Elendes in der Welt, über das Wesen dieses Elendes, dessen Bedeutung und Ende ist also das direkte Gegentheil von der Lehre Buddhas.

Wenn für den Christen der gegenwärtige Zustand des Menschen, der Welt ein nichtseinsollender, abnormer ist, so ist es doch nicht das Dasein des Menschen, der Welt an sich. Die Welt, der Mensch sind Geschöpfe des göttlichen Willens; sie waren ursprünglich so, wie sie diesem gemäß sein sollten, gut, vollkommen, — zur Offenbarung der Herrlichkeit des Schöpfers, zur Theilnahme an seiner Vollkommenheit und Seligkeit geschaffen. Der Schmerz, das Elend hat seinen Grund nicht in dem endlichen Dasein selbst und darum kann und soll dieses Elend enden, ohne daß das Daseiende vernichtet wird.

Das Uebel ist thatsächlich in der Welt, aber das Dasein der Welt selbst ist nicht das Grundübel.

Der Christ erkennt die Veränderlichkeit, Vergänglichkeit aller sinnlichen Existenzen, und spricht insoferne auch von der Eitelkeit, Nichtigkeit dieser Dinge; — allein, offenbar in einem wesentlich anderen Sinne, als in welchem der Buddhist von ihnen sagt, daß sie eitel, nichtig, daß sie wesenlose Traumbilder seien, aus dem Nichts sich erhebend und in Nichts zerfließend.

Der christlichen Auffassung gemäß liegt auch der sinnlichen Welt ein Reelles, Substanzielles zu Grunde, das zwar durch den schöpferischen Willen aus dem Nichtsein ins Dasein hervorgerufen worden, das aber durch eben diesen Willen erhalten wird und das ins Nichtsein eben so wenig zurücksinken wird, als ein anderes konstituirendes Glied des Schöpfungsganzen. Die christliche Dogmatik kennt ein **Entstehen endlicher Substanzen, aber kein Vergehen, kein Zunichtewerden derselben.**

12. Wenn nun zwischen der buddhistischen und christlichen Welt- und Lebensanschauung **solche fundamentale Verschiedenheit besteht, worin besteht dann die Aehnlichkeit beider?**

Diese Aehnlichkeit findet sich jedenfalls **nicht in Bezug auf Wesentliches,** der buddhistischen Anschauung **Eigenthümliches, sie Charakterisirendes.**

Daß alles irdische Dasein der Veränderung unterliegt, daß es vergänglich, daß das Leben des Menschen mit Leiden erfüllt sei, ist eine Einsicht welche dem Menschen so nahe liegt, daß sie sich vor und nach Çakjamuni, innerhalb und außerhalb Indien entwickelt und ausgesprochen findet. Diese Einsicht ist also nicht der buddhistischen Auffassung eigenthümlich. Wenn das Christenthum in einem gewissen Sinne und bis auf eine gewisse Grenze sie theilt; so geschieht dasselbe in noch höherem Maße und weiterem Umfange, von vielen anderen religiösen und philophischen Lebensanschauungen. Ja, selbst bis zur buddhistischen Verzweiflung am Leben ist man auch anderwärts geführt worden. Hegesias kam bekanntlich zu dem Satze: das Beste wäre, nicht geboren zu sein, das zunächst Beste ist, alsbald zu sterben. Die Vergänglichkeit des irdischen Daseins, die Wirklichkeit des Uebels in der Welt wird so ziemlich allgemein vor und nach Buddha erkannt und ist bis heute nur von Wenigen *) zu läugnen versucht worden. Darauf hin läßt sich also eine Verwandtschaft oder auch nur eine Aehnlichkeit zweier Lebens- und Weltanschauungen mit Grund nicht behaupten.

Als der Lehre Buddhas eigenthümlich und für sie charakterisirend könnte allein angesehen werden, daß er **den Grund des Uebels in dem konkreten Dasein selbst erblickt und — die Substanzlosigkeit der Welt behauptet.** In Betreff

---

*) Billroth in seinem Werke über das Uebel machte einen derartigen Versuch.

des erſten Punktes ſtimmt ſie jedoch mit der Anſicht der Vedanta=
philoſophie vor und mit vielen pantheiſtiſchen Philoſophemen
nach Buddha bis auf Hegel und Schoppenhauer überein*), welche
im Weſentlichen daſſelbe, wenn auch mit mehr oder minder wichti=
gen Modifikationen behaupten. Und ſomit bliebe nur noch der
zweite der obigen Punkte, welcher als Eigenthümlichkeit der
Lehre Buddhas gelten könnte; aber auch in Bezug auf dieſen
findet ſich im ſubjektiven **Idealismus Fichte's** ein Aehnliches,
um nicht zu ſagen, ein Gleiches.**)

13. Die **chriſtliche Dogmatik** ſteht, wie geſagt, in Be=
treff **beider Punkte** mit der Lehre Buddhas im **entſchie=
denſten Widerſpruch.** In einem kaum minder grellen
Widerſpruch ſteht ſie jedoch auch mit den **Vorausſetzungen** der
Lehre Buddhas, mit der Philoſophie der Sankhja= und Vedanta-Schule.
Um ein mit den chriſtlichen Ideen Verwandtes oder Aehnliches
zu finden, müßten wir zurückgehen bis zu den älteſten Veden, in
welchen das Vorhandenſein von Bruchſtücken, Ueberreſten des religiö=
ſen und hiſtoriſchen Bewußtſeins der Urzeit ſich nicht verkennen
läßt. Dieſe Verwandtſchaft oder Aehnlichkeit kann das Chriſtenthum
gelten laſſen, inſofern es ſelbſt eine Wiederherſtellung der Ur=Relig=
ion der Menſchheit iſt und ſein will. Aber — auch hier dürfte
über die Verwandtſchaft die weſentliche Verſchiedenheit
der chriſtlichen und altindiſchen Weltauffaſſung nicht überſehen
werden. Im altindiſchen Mythos iſt weder die Körperwelt noch

---

*) Köppen führt ſelbſt eine Stelle aus Frauenſtädt: „Briefe über Schoppen=
hauers Philoſophie" an, welche er als die ſchärfſten Ausdrücke der budd=
hiſtiſchen Weltanſchauung bezeichnet. Sie lautet: „Wie mißlich es iſt, als
ein Theil der Natur zu exiſtiren, erfährt jeder an ſeinem eigenen Leben
und Streben.

Nur die totale Verneinung des Willens zum Leben, in deſſen Begehrung
die Natur die Quelle ihres Daſeins hat, kann zur wirklichen Erlöſung der
Welt führen. Zu dieſem hohen Ziel bilden die Tugenden nur die Brücke;
ſie ſind zuvörderſt nur ein Abzeichen, daß der erſcheinende Wille nicht
mehr ganz feſt in jenem Wahn des principii individuationis befangen iſt,
ſondern die Enttäuſchung eintritt".

**) S. Dr. Joſ. H. Löwe: die Philoſophie Fichtes, Stuttgart 1862. S. 171
und S. 267.

der Mensch ein conſtituirendes Glied des Weltganzen. Beide ſind nur zeitweilige Weltbeſtandtheile. Iſt die Zeit der Buße und Läuterung für die gefallenen Geiſter vorüber, ſo gibt es keine Körperwelt und keine Menſchen mehr, ſondern nur rein geiſtige Geſchöpfe. Schon von dem Lehrgehalt der älteſten Veden aus gibt es keinen Weg mehr zur chriſtlichen Weltauffaſſung.

14. So ſteht es um die Aehnlichkeit des Buddhismus mit dem Chriſtenthum in Betreff der erſten und wichtigſten Dogmen, und damit iſt eigentlich vor dem Forum der Wiſſenſchaft die Frage ſchon entſchieden: ob eine Paralleliſirung des Buddhismus und des Chriſtenthums berechtigt ſei. Doktrinen, welche auf zwei, in der Art widerſtreitenden Auffaſſungen der Welt, des Lebens, beruhen, können nur Aeußerliches, Unweſentliches mit einander gemein haben.

Da unſere Zeit jedoch nach einer wiſſenſchaftlichen Berechtigung zu fragen nicht geneigt iſt, wo es ſie gelüſtet, auf Zweifelsgründe gegen das Chriſtenthum Jagd zu machen; ſo müſſen wir dieſem Zuge des Zeitgeiſtes folgen.

Bevor wir jedoch daran gehen, zu unterſuchen, ob es um jene Aehnlichkeit in anderen Punkten beſſer ſtehe, haben wir noch eine Bemerkung beizufügen über die Frage: ob der Buddhismus als Religion gelten könne oder nur als ein Philoſophem?

Daß die oben dargeſtellte Lehre Buddhas keine ihm zu Theil gewordene göttliche Offenbarung ſei, verſteht ſich von ſelbſt, denn es fehlt dazu an einer Gottheit, die ſich offenbaren könnte. Es wird aber überdieß der Inhalt jener Lehre als ein mühſam errungenes Ergebniß der Meditationen Çakjamunis berichtet.

Die Lehre gilt als eine philoſophiſche Auffaſſung der Welt, des Lebens und wie ſie vorliegt, iſt ſie entſchieden atheiſtiſch. Der Atheismus der Buddhalehre hat das Eigenthümliche, daß er zugleich Akosmismus iſt; — weder ein Abſolutes noch ein Relatives iſt, ſondern nur das Leere, Nichtige. Die Spekulation Çakjamuni's macht alſo vollſtändig: tabula rasa.

Inſofern nun der Atheismus überhaupt und dieſe Form desſelben insbeſondere nicht dem Begriffe entſpricht, den man gegenwärtig im allgemeinen und wissenschaftlichen Sprachgebrauche mit dem Worte R e l i g i o n verbindet, wird man den Buddhismus in seiner ursprünglichen oder ältesten Form w e d e r a l s R e l i g i o n n o c h a l s r e l i g i ö s e s P h i l o s o p h e m anzuerkennen vermögen. Soll er als Religion gelten, so wird er seinen Anspruch auf diese Bezeichnung auf einen andern Theil seiner Dogmen stützen müssen. Jedenfalls mangelt ihm, um Religion im gewöhnlichen Sinne heißen zu können, das o n t o l o g i s c h e Moment einer solchen.

Bunsen bietet zwar Alles auf, um die Lehre Buddhas als eine Art Pantheismus, gleich jenem der Vedantaschule oder der Mystiker des christlichen Mittelalters erscheinen zu lassen. Allein, die Buddhalehre hat sich von vornherein gerade über diesen Punkt in offenen Widerspruch zur Brahmalehre gestellt und die älteste Schule des Buddhismus, die Suabhavikas, ist unläugbar atheistisch.*) Auch fehlt es nicht an den nachdrücklichsten Erklärungen der Buddhisten gegen die Annahme eines Weltschöpfers.**) Dieß hinderte freilich nicht, daß später (im 10.—11. Jahrhundert nach Christus) unter äußeren Einflüssen der Buddhismus in Nepal und andern Ländern zur Annahme eines Weltschöpfers, eines Ur-Buddha, sich veranlaßt sah und damit theistisch wurde. Wir werden jedoch sehen, daß die ursprüngliche Lehre Buddhas auch in andern Beziehungen später wesentliche Aenderungen erlitten hat.

β. Das Entstehen des S c h m e r z e s, die Ursache der W i e d e r g e b u r t.

15. Die z w e i t e der vier erhabenen Wahrheiten bezieht sich auf das E n t s t e h e n oder die E r z e u g u n g des Schmerzes.

Als letzten G r u n d des Schmerzes haben wir das gesonderte

---
*) S. Windischmann: die Philosophie im Fortgang der Weltgeschichte I. Th. 4. Abth. S. 1960 und über die buddh. Lehre in Nepal S. 1961 u. f. f.

**) "Die Dinge sind nicht geschaffen durch einen Gott, nicht durch den Geist, nicht durch die Materie. Wenn Gott wirklich die alleinige Ursache wäre oder der Geist, oder die Materie, so müßte die Welt auf einmal geschaffen sein, weil die Ursache nicht sein kann, ohne daß ihre Wirkung wäre." So eine alte, rechtgläubige buddhistische Schrift. Burnouf S. 118.

Dasein an sich erkannt und dessen Dauerlosigkeit, Wandelbarkeit. Als die den Schmerz erzeugende Ursache bezeichnet Buddha das Verlangen, welches in den konkreten Existenzen wurzelt.

Wie aus jenem Grunde durch das Verlangen (d. h. das sinnliche, welches hier allein gemeint sein kann) der Schmerz erzeugt werde, ist wohl ohne Schwierigkeit verständlich bei der Wandelbarkeit und Dauerlosigkeit alles sinnlichen Daseins. Das Verlangen (als sinnliches) ist in subjektiver Beziehung auf den Genuß und dessen stetige Abwechslung und Steigerung gerichtet. Aus der, ob der Wandelbarkeit alles Daseins, unvermeidlichen Vereitlung dieses Zieles entspringt der Schmerz.

Was der Träger dieses Verlangens sei, die Seele, das wird zwar von Buddha nicht weiter erklärt;*) aber es läßt sich aus der Theorie der ältesten buddhistischen Schule, der Svabhavika, entnehmen.

Der Unterschied, welchen die Sankhja-Philosophie zwischen Geist und Materie machte, ist von Buddha aufgegeben. Er und seine älteste Schule kennen nur Sinnliches, Körperliches, dem aber auch intellektuelle Kräfte innewohnen.

Der Träger jenes Verlangens ist also zu denken als die Energie des individuell Existirenden, als die individualisirende und das gebildete Individuum erhaltende Kraft oder Thätigkeit.

Jenes Verlangen ist somit die Erscheinung des individuellen Lebenstriebes, der zunächst und zuletzt objektiv auf die Erhaltung und subjektiv auf den Genuß der individuellen Existenz gerichtet ist.

Dieses Verlangen, zu leben und das Leben zu genießen, ist nach Buddha auch die Ursache der Wiedergeburt, welche sich so lange wiederholt, als dieses Verlangen nicht erloschen ist.

Dieses Verlangen ist ferner selbstisch, egoistisch, auf den sinnlichen Genuß gerichtet und darum — nach Buddha — sündhaft.

Die Sündhaftigkeit, d. h. Geneigtheit zum sinnlichen Genuß ist angeboren.

---
*) S. Köppen I. B. 291.

Sie entstand, der Mythe nach, durch die Sünde der ersten Menschen, indem diese von grobsinnlicher Speise genossen und dadurch in alle Gelüste und Leidenschaften verfielen. Auf die Frage, woher den ersten Menschen die Neigung zu jener ersten Sünde entstanden, lautet die Antwort: Aus einem Sündenfall in einer früheren Welt u. s. f.

In Folge dieser ererbten Sündhaftigkeit wird die Erkenntniß getrübt, der Wille verunreinigt, alle intellektuellen und moralischen Fähigkeiten verderbt, — diese durch Fortpflanzung sich vererbende Sündhaftigkeit, (Kléça,) Erbsünde, ist die Quelle alles Elendes!*)

16. Fragen wir nach dem Wie so? so erhalten wir zur Antwort: Neben dem Verlangen besteht noch eine zweite Ursache der Wiedergeburt und insofern des Schmerzes, nämlich das „Schicksal," „Fatum", wie Köppen es nennt, d. h. die in der Welt herrschende Nothwendigkeit einer Ausgleichung zwischen dem Betragen und dem Befinden. Jede Sünde muß gebüßt werden, jede gute Handlung muß belohnt werden; — allein, Lohn und Strafe folgen nicht sogleich, sondern erst in einem späteren Lebenslauf, wenn die Folgen der guten und bösen Handlung reif geworden, vollständig sich entwickelt haben.

Die Wanderung (Sansâra) in verschiedenen Daseinsformen hat also eine zweifache Ursache, so zu sagen, eine ontologische: das Verlangen zu Leben und zu Genüssen und eine ethische: die moralische Ordnung, der gemäß das Gute belohnt, das Böse bestraft werden muß und zwar in entsprechender Weise. Jene erste Ursache bewirkt: daß der Sterbende wieder geboren wird, diese zweite bestimmt: als was, unter welchen Umständen und Verhältnissen dieß geschieht.

Köppen bemerkt bei dieser Gelegenheit:**) „Wenn man ob dieser Lehre dem Buddhismus Fatalismus vorwürfe, so sei auch der Christianismus nichts besser."

Wir stehen demnach hier abermals vor einer Aehnlichkeit

---
*) Köppen 1. B. S. 289. u. f. w.
**) S. 298.

zwischen Buddhismus und „Christianismus", wie sich Köppen auszubrücken beliebt.

In jenem wie in diesem findet sich nämlich die Lehre von einem Bösen, von einer Erbsünde, als der Quelle alles intellektuellen und sittlichen Verderbnisses und alles Elendes.

Allein, wir haben schon im vorhergehenden Falle gesehen, wie eine oberflächliche Aehnlichkeit eine wesentliche Verschiedenheit verdecken kann; wir wollen darum auch diese Aehnlichkeit uns näher besehen.

19. Wenn der Buddhismus den Menschen bloß als sinnliche Individualität auffaßt und den Selbsterhaltungstrieb des Individuums, auf welchen zuletzt das sinnliche Verlangen, die Begierde zurückzuführen ist, als die Quelle des Schmerzes und der Wiedergeburt vorstellt, so ist hier nicht der Ort, diese materialistische Auffassung und Vorstellungsweise zu bestreiten; sie kommt in der Geschichte der Philosophie bis in unsern Tagen mit mancherlei Modifikationen vor. Der moderne Materialismus von gutem Ton findet es auch für zulässig, die Seele, die Energie des Leibes, als eine ätherische Organisation vorzustellen, welche den Keim des gröberen Leibes bildet und mit diesem nicht gerade sterben muß, sondern sich konsolidiren und einen neuen, materiellen Leib sich anbilden kann. Der buddhistische und der moderne Materialismus stehen sich also in dieser Beziehung nahe — nur mit dem Unterschiede, daß es jenem um die Auflösung, diesem um die Konsolidirung der Seele, der Energie des Leibes, zu thun ist. Die Moral des ersteren wird uns daher den Weg zeigen, der zur Vernichtung der Seele führt; denn, nur im Nichtsein sieht der Buddhismus das Heil; — die Moral des letzteren weist uns dagegen den Weg zur Kräftigung jenes ätherischen Organismus, Seele genannt; — denn, für seine Befriedigung ist eine persönliche Fortdauer über den Tod des gröbern Leibes hinaus erforderlich. Was dem Buddhismus das Furchtbarste, ist für den modernen Materialismus das Wünschenswertheste. Doch gilt es, wie gesagt, nur von einer Fraktion des modernen Materialismus, daß er ein wirkliches oder anscheinendes Interesse an der persönlichen

Fortdauer der Menschenseele nimmt und wir wollen uns nicht auf die Frage nach dem Woher? desselben einlassen.

Kehren wir wieder zu der Lehre Buddhas über die Ursache des Schmerzes zurück, so erhalten wir durch sie auch Aufschluß über seine Ansicht von dem Wesen der Sünde überhaupt und der Erbsünde insbesondere. Um die Gleichheit oder Verschiedenheit dieser Begriffe in der buddhistischen und in der christlichen Lehre handelt es sich aber hier zunächst.

Das sinnliche Verlangen als solches ist bei Buddha Sünde, der individuelle Selbsterhaltungstrieb als solcher ist ihm ein Böses, und da das Individuum sich eben nur als solches fortpflanzen kann, dessen Wesen sich als sinnliche Begierde und als Selbsterhaltungstrieb manifestiren muß; so versteht es sich von selbst, daß die Sündhaftigkeit sich vererbt, daß der Mensch von Geburt aus, d. h. hier, seiner Natur nach sündhaft ist.

Insoweit ist die Lehre Buddhas ohne Schwierigkeit zu verstehen; wenn aber Köppen darin eine Aehnlichkeit mit der christlichen Lehre über das Böse und die Erbsünde zu finden meint; so irrt er, wenigstens in Betreff der katholischen Auffassung derselben.

Das Böse ist nach christlicher Lehre das Gottwidrige, die freie Negation des göttlichen Wollens, das selbstbewußte und freie Wollen eines, dem Inhalte des göttlichen Wollens Gegentheiligen.

Nur die Selbstbehauptung des geistigen Geschöpfes kann ein solches Gottwidriges, dem göttlichen Willen Widerstreitendes, ein Böses werden; sie kann aber auch ein dem göttlichen Willen Entsprechendes, ihn frei Affirmirendes, ein moralisch Gutes werden oder sein. Auch nach christlicher Lehre ist der Egoismus, die Selbstsucht ein Böses, Gottwidriges; — allein — nicht jedes Streben der Kreatur, das auf die Erhaltung ihrer Existenz und deren Genuß gerichtet ist, ist an sich schon Egoismus, Selbstsucht, Böse.

Alles konkrete endliche Leben ist objektiv auf die Erhaltung seiner Existenz, deren Bethätigung und subjektiv auf ihren Genuß gerichtet. Auf dieses Ziel ist das Leben durch die Qualität des lebenden Wesens gerichtet, — das Streben darnach ist also ein naturgemäßes, — es ist in letzter Instanz eine Affirmation des chöpferischen und erhaltenden Willens Gottes, durch welchen das Lebende als das existirt und lebt, was es ist. Zu diesem Streben wird das Naturindividuum angetrieben, das geistige Geschöpf aufgefordert.

Es gibt also eine **pflichtmäßige, gottgewollte, moralisch gute Selbstliebe** des Geschöpfes. Das vernünftige freie Geschöpf erkennt Gott als das an sich und absolut Gute, Vollkommene, und darum als das über Alles um seiner selbst Willen Liebenswerthe. Es erkennt sich als das endliche Nachbild Gottes, mithin als ein darum und insoweit Liebenswerthes. Die pflichtgemäße Selbstliebe der christlichen Lehre hängt demnach mit der pflichtgemäßen Liebe zu Gott untrennbar zusammen, wie mit der Liebe zu allen Geschöpfen Gottes; — der Christ liebt sich und die Geschöpfe in einem bestimmten Sinne nur um Gottes Willen, Gott allein um seiner selbst Willen.

Es gibt aber auch eine gottwidrige moralisch böse Selbstliebe des Geschöpfes.

Wenn das Geschöpf etwas sein oder werden will, was es seinem Wesen nach nicht ist und nicht werden kann, was es also auch dem Willen seines Schöpfers nach nicht werden soll; dann steht das, auf sein Selbst gerichtete, Streben im Widerspruch mit seiner eigenen Natur und mit Gottes Willen. Wenn das Geschöpf, welches durch die freie, ihre Vollkommenheit mittheilen wollende Liebe Gottes nach dessen Ebenbild geschaffen, zu einem Gott ähnlichen Leben befähigt und bestimmt ist, — nur seine eigene Vollkommenheit und deren Genuß als höchstes und letztes Ziel anstrebt, gegen das Wohl und Wehe seiner Mitgeschöpfe gleichgiltig, diese nur als Mittel für sich erachtet und behandelt, — so ist sein Streben, seine **Selbstliebe egoistisch**. Diese Selbstliebe ist seiner eigenen Wesenheit und Gottes Willen widerstreitend, sie ist ein Gottwidriges, sie ist das Gegentheil der Charitas, — sie ist ein Böses.

Diese Unterscheidung zwischen einer moralisch guten und einer moralisch bösen Selbstliebe ist auf Grund der Weltauffassung

Buddhas unmöglich. Ihr zur Folge muß alle und jede Selbstbehauptung des Lebenden als ein **ontologisches** und **ethisches Uebel** angesehen werden, — denn sie ist die Behauptung, Erhaltung, Geltendmachung eines an sich Nichtigen und Nichtseinsollenden, — sie ist in Wahrheit ein Widerspruch mit der Lebensgrundlage des Lebenden, welche ja das Nichtige, Leere ist. Insoferne ist also jedes auf das Selbst, dessen Erhaltung und Befriedigung gerichtete Streben, ein **unmoralisches**, weil **naturwidriges***).

Die christliche und die buddhistische Auffassung des Bösen sind somit, wie sich bei einer eingehenderen Analyse zeigt, wesentlich von einander verschieden. Diese Verschiedenheit als eine **principielle**, in der Dogmatik liegende, wird von Köppen und anderen Verehrern der Buddhalehre **nicht beachtet und** doch ist sie für das Verständniß und die wissenschaftliche Werthbestimmung derselben **entscheidend**.

Wir fügen dem Obigen noch die Bemerkung hinzu, daß nach **katholischer Lehre** das **sinnliche Verlangen**, (concupiscentia carnis) **an sich nicht schon Sünde ist**, — daß die **Erbsünde** nicht in dem Selbsterhaltungstriebe besteht, und daß sie dieser Lehre nach **nicht in dem Wesen des Menschen**, sondern in einem Zustand (habitus) dieses Wesens wurzelt, welcher Zustand sich vererbt.

Fragen wir nun: Worin besteht hier die behauptete Aehnlichkeit zwischen Christenthum und Buddhismus, so müssen wir antworten:

Nicht in dem, was Böse, Sünde, Erbsünde heißt, — dieß ist im Buddhismus ein wesentlich Anderes als im Christenthume. Die Aehnlichkeit besteht bloß darin, daß beide von einem Bösen, einer Sünde und deren Vererbung lehren.

Wäre aber auch der Buddhismus in seiner Lehre über das Böse, über die Sünde und ihre Vererbung wirklich mit dem

---

*) Die ungeheuerlichen Konsequenzen dieser Lehre werden wir in der Moral Buddhas finden.

Christenthume einstimmig, wie er es leider nicht ist, so würde damit nur bezeugt, daß das moralische Bewußtsein und die Tradition über die Urgeschichte der Menschheit auch in ihm nicht gänzlich erloschen seien. Die Apologetik des Christenthums aber hätte Grund, eine solche Einstimmigkeit freudig zu begrüßen; denn das Christenthum setzt ja die Erkenntniß der Sünde, der Sündhaftigkeit und ihrer Vererbung bei den Völkern, die auf den Erlöser warten- voraus, weil aus dieser Erkenntniß in ihnen das Bewußtsein der Erlösungsbedürftigkeit entstehen soll und das Verlangen nach Erlösung. Köppen verfehlt also seine Absicht, wenn er auf die buddhistische Lehre von der Erbsünde hinweist und daraus ein Bedenken gegen die Wahrheit der christlichen Lehre entwickeln zu können meint. Die Lehre von dem Sündenfall der ersten Menschen, von der allgemeinen Sündhaftigkeit und ihrer Vererbung findet sich bei allen Völkern der Erde in den mannigfaltigsten Modifikationen; wenn sie sich nun auch beim Buddhismus freilich in entstellter und verkümmerter Weise findet, so ist dieß an sich nichts Absonderliches. Beachtenswerth wird das Dasein dieser Lehre in der buddhistischen Dogmatik nur dadurch, daß sie der im ersten Grunddogma ausgedrückten Welt- und Lebensauffassung Buddhas ganz fremd ist, daß sie mit dieser in einem unversöhnbaren Widerspruch steht. Denn, wie kann noch von einem Bösen, von Sünde die Rede sein, wenn es keinen Gott gibt und keine reale Welt, nur ein scheinbares Dasein, nur einen Wechsel wesenloser Traumbilder!

Dieser Theil der buddhistischen Dogmatik ist, wie Köppen auch nicht verkennt, aus der alten indischen Volksreligion stillschweigend herüber genommen worden, ohne daß eine Vermittlung mit den eigenthümlichen Ansichten Buddhas versucht worden wäre.

20. Ein Gleiches muß von der Lehre gesagt werden, daß jede Sünde bestraft, gesühnt werden, daß eine vollständige Ausgleichung zwischen Betragen und Befinden statthaben müsse. Auch diese Lehre ist ein wesentlicher und wichtiger Bestandtheil der alten indischen Volksreligion, wie wir im Früheren gesehen haben; der spekulativen buddhistischen Weltanschauung hingegen ist sie voll-

ständig fremd, aber doch in die buddhistische Dogmatik auf=
genommen.

Da es für Buddha keinen persönlichen Weltschöpfer oder
Weltbildner, auch nicht einmal eine wirkliche Welt, eine oder viele
Weltsubstanzen gibt, sondern nur eine Summe und Succession
wesenloser Traumbilder, die in einem Zusammenhange wie Ursa=
chen und Wirkungen zu einander stehen, so mangelt für eine mo=
ralische Weltordnung hier jede Bedingung, unter der eine
solche denkbar wäre.

Unterdessen ist diese Lehre für den ursprünglichen Buddhis=
mus doch von höchster Wichtigkeit; auf ihr allein nämlich
beruht der Anspruch, den er etwa auf den Namen
einer Religion machen kann.

In der alten indischen Volksreligion war, wie wir ge=
sehen haben, der Eine, ewige Gott frühzeitig in den Hintergrund
getreten, aber die von ihm begründete moralische Ordnung war im
Vordergrund des Volksbewußtseins stehen geblieben und mit ihr
eine Vielheit von sogenannten Göttern, die bei der Aufrechthaltung
oder Durchführung derselben irgendwie betheiligt war.

In subjektiver Beziehung erschien also bereits diese Volks=
religion ohne Gott, dessen Dasein und Einheit nur noch eine
Geheimlehre der Brahmanen blieb. Buddha ignorirte nun nicht
bloß Varuna, Agni, Brahma, sondern auch den ganzen brahma=
nischen Götterhimmel, auf dem die Buß= und Läuterungsanstalt
in der Welt zuletzt beruhte. Diese Ordnung aber, welche der alten
Tradition nach von der Gerechtigkeit und Barmherzigkeit des Ewi=
gen zum Heile der von ihm abgefallenen Geschöpfe festgestellt wird,
diese Ordnung, die nur in diesem Zusammenhange und unter dieser
Voraussetzung einen Sinn hat, behält der Buddhismus bei, doch
ist ihre nächste Bedeutung nicht genau die frühere.

Allerdings soll in den dieser Ordnung unterstehenden Lebens=
läufen jedes Böse seine genau angemessene Strafe finden, aber auch
das Gute seine entsprechende Belohnung; — denn — diese Lebens=
läufe enden nach Buddhas Lehre nicht mit einem vollkommenen, un=
wandelbar mit Brahma wieder geeinigten Dasein, sondern mit der
Auflösung ins Nichtsein.

Die Ausgleichung zwischen Betragen und Befinden muß demnach für den Buddhisten gleich im zeitlichen Leben sich vollziehen, da es für ihn kein anderes mehr gibt. Diese **Belohnung** kann jedoch in der Welt Buddhas keineswegs ein **positives Wohlbefinden**, Freude, Genuß sein, — sondern nur ein **geringes Maß des Schmerzes und Elends**; da alles Daseiende von diesem untrennbar ist. Den **höchsten Lohn** erreicht der vollendet Tugendhafte eben durch die Auflösung in das Leere, also in und durch die Vernichtung seiner Existenz.

In dieser Lehre von der Sünde und ihre Vererbung, von einer moralischen Ordnung im Leben erkennen wir also den letzten verstümmelten Ueberrest der alten indischen Volksreligion, den der Buddhismus sich angeeignet hat und durch den er selbst noch als Religion gelten kann, weil denn das Denken einer solchen Ordnung, von dem, wenn auch dunklen Gedanken eines persönlichen Gottes sich nicht losmachen kann, — und weil, wo immer jene Ordnung noch gedacht wird, früher oder später dadurch das Gottes Bewußtsein wieder klar und lebhaft gemacht wird, — was auch die Geschichte des Buddhismus bestätigt.

Lassen wir aber den Buddhismus um dieses Theiles seiner Dogmatik Willen als Religion gelten, so müssen wir doch zugleich bemerken, daß das, was hier noch Religion heißt, eben die tiefste Stufe ist, zu welcher der Geschichte zu Folge das religiöse Bewußtsein der Völker herabsinken kann, ohne gänzlich zu erlöschen. Auch im Fetischismus und Schamanenthum finden wir noch das dunkle Bewußtsein erhalten von einer moralischen Macht, die das Leben und Geschick der Menschen beherrscht.

21. Die Dogmatik des Buddhismus enthält dem Bisherigen zu Folge bereits zwei heterogene Elemente, ein philosophisches und ein positiv religiöses, beide werden in ihr verbunden, aber nicht zur Einheit vermittelt.

Wenn der Buddhismus seinem religiösen Momente nach die tiefste Stufe der Verkümmerung des religiösen Bewußtseins repräsentirt, so kann der Werth seines spekulativen Elementes eben auch nicht hoch angesetzt werden, noch weniger selbstverständlich der Werth der ganzen dogmatischen Grundlage, welcher es an Einheit und Konsequenz mangelt, wie auch Köppen wiederholt zuzugestehen sich genöthigt sieht. So sagt er S. 215: „Der ganze Buddhismus beruht in der Inkonsequenz, daß er den obersten Grundsatz der brahmanischen Dogmatik anstrich, die aus demselben gezogenen Ergebnisse und Schlüsse aber, so weit dieselben in den Volksglauben, in Fleisch und Blut der Indier übergegangen waren, auch wenn sie nur aus jener Voraussetzung heraus logisch abgeleitet werden konnten, anfangs unbewiesen und unvermittelt, lediglich als Thatsachen beibehielt und in sich aufnahm. Ohne diese Inkonsequenz wäre derselbe eine Unmöglichkeit gewesen."

Wir sind demnach gegen den Buddhismus mit obigem Urtheil jedenfalls nicht ungerecht.

22. Was den Vorwurf des F a t a l i s m u s anbelangt, oder die Frage: O b   m a n   d e n   B u d d h i s m u s   a l s   F a t a l i s m u s   b e z e i c h n e n   d ü r f e ? so ist sie mit dem Angeführten bereits beantwortet.

Buddha will die, durch einen persönlichen Gott begründete, Ordnung für das Leben der freien Geschöpfe als bestehend anerkennen, aber das Dasein des Gründers und Erhalters derselben ignoriren, um nicht zu sagen negiren; dadurch wird ihm diese Ordnung zu einen naturnothwendigen, von einer unbekannten Macht getragenen, d. h. fatalistischen. In ähnlicher Weise hat sich auch sonst der Fatalismus ausgebildet.

Indem die Idee des Einen wahren Gottes in den Hintergrund des Volksbewußtseins tritt, für dasselbe, so zu sagen, sich von dem Weltleben zurückzieht, während den Vordergrund die mannigfaltigen Götterformen ausfüllen, wird sie nicht vergessen, aber sie wird zur dunkeln Macht, die über den Göttern und Menschen herrscht und ihre Geschicke bestimmt, sie wird im Bewußtsein zum F a t u m. Wir finden darum das Fatum fast in allen polytheistischen Religionen als den dunklen, unklaren Hintergrund derselben, der die ursprünglich monotheistische Grundlage derselben birgt.

Daß die Buddhalehre Fatalismus sei, wird sich also nicht bestreiten lassen und Köppen scheint selbst gar nicht geneigt es zu thun, — es wäre auch allerdings mißlich für ihn, da er uns ja berichtet hat, daß nach Buddha die Welt nicht die Schöpfung eines persönlichen Gottes ist, sondern daß sie aus dem Nichts sich erhebt und in selbes wieder zurück sinkt, ohne Zweck durch eine unbekannte, dem Leeren innewohnende Macht, welche also den ganzen Welt= proceß mit blinder Nothwendigkeit beherrscht. Es ist uns eine extremere Form des Fatalismus in der Geschichte nicht bekannt.

Uebrigens hat uns Köppen, wie wir später sehen werden, über den buddhistischen Fatalismus und seine Konsequenzen noch viel zu berichten.

23. Er meint aber, „wenn man dem Buddhismus Fata= lismus vorwerfe, so sei der Christianismus um nichts besser."

Was kann man darauf antworten! Eine materialistische und entschieden atheistische Lehre, dergleichen die buddhistische ist, neben die christliche Lehre zu stellen, scheint überhaupt vor dem Forum der Wissenschaft nicht leicht zu rechtfertigen, eine Gleichstellung Beider aber muß dem Katholiken als eine Lästerung der Lehre Christi erscheinen.

Wie sollte das Christenthum dazu kommen, Fatalismus zu heißen!

Es lehrt ja, so viel wir glauben, daß Gott aus freier Liebe die Welt geschaffen, daß er die nach seinem Ebenbild geschaffenen Wesen mit Willensfreiheit begabt, daß er ihr Geschick, ihre Stellung zu ihm und seinem Reiche von ihrer freien Entscheidung abhängig, ihre freie Willenskraft zum mitwirkenden Faktor bei der Aus= führung seines Weltplanes gemacht. Es lehrt, daß Gott zwar den freien Willen des Menschen, der sich von dem Reich seiner Gnade lossagen und sein eigener absoluter Herr sein wollte, ge= währen ließ, daß aber seine Barmherzigkeit ihm dennoch den Weg zur Wiederaufnahme in jenes Reich eröffnet, daß der Sohn Gottes darum in die Welt gekommen, um diesen Weg für Alle zu bahnen, daß er für die Sünden der Welt der Gerechtigkeit genug gethan, auf daß Alle, die an ihn glauben wollen, das ewige Leben gewinnen können. Wie kommt diese Lehre, in welcher der Freiheit des göttlichen und kreatürlichen Willens ein Wesent= liches und Charakteristisches ist, dazu, Fatalismus zu heißen?

Die Antwort ergibt sich vielleicht daraus, daß Köppen die

christliche Lehre nur nach Luthers, Zwinglis oder Calvins Auffassung kennt.

Diese Auffassung der Lehre Christi könnte allerdings gegen den Vorwurf des Fatalismus nicht leicht vertheidigt werden. Die Kirche Christi selbst hat sie aber auch zu Tridient als eine irrige Deutung der Lehre Christi verdammt, wie sie schon früher und auch später noch ähnliche Versuche, fatalistische Doktrinen in die christliche Dogmatik einzumengen, auf das entschiedenste zurückgewiesen hat.

Wir werden übrigens noch mehrfach Gelegenheit haben, zu bemerken, daß die Vorwürfe, welche Köppen dem Christenthum macht, oft nur der protestantischen Auffassung desselben gelten.

B. Moral und Askese.

Die letzten zwei erhabenen Wahrheiten beziehen sich auf die Vernichtung des Schmerzes und den Weg, der zu selber führt.

Hiermit sind wir zu der buddhistischen Moral und Askese gelangt. Wir wollen beide vorerst in ihren Grundzügen nach Köppens Darstellung kennen lernen.

α) Die Grundzüge.

24. Die Vernichtung des Schmerzes wird vollständig und bleibend nur dadurch erreicht, daß die Seele, die Energie des individuellen Daseins, aus dem Kreislaufe des Lebens (Sansâra), dem Geborenwerden und Sterben heraustritt; dieß geschieht aber erst, wenn sie vollständig sich auflöst, gänzlich und für immer erlischt, in das Nirvana, die Leerheit übergeht.

Wie gelangt jedoch die Seele zu diesem Ziele? Eine Antwort ist naheliegend: durch die Vermeidung aller Sünde, somit der Nothwendigkeit, selbe in einem erneuten Lebenslauf zu büßen. Ist nichts mehr zu büßen übrig, so fällt die ethische Ursache der Wiedergeburt weg und der Jammer des Daseins hat sein Ende erreicht.

Auf welchem Wege wird aber die Sünde zu vermeiden sein? Die Wurzel aller Sünde, der Ursünde so zu sagen, ist, wie wir gehört haben: das Verlangen, zu leben und das Leben zu genießen, also auch die Anhänglichkeit an Welt und Leben. Wird dieses Verlangen nach allen Beziehungen vollständig und bleibend unterdrückt, so erlischt die Seele nach und nach „wie eine Lampe ohne Oel."

Dieses Ziel läßt sich freilich nur allmälig erreichen.

Für die Anfänger im Streben nach demselben dient zunächst das Bekenntniß zur Lehre Buddhas, die Beobachtung der 5 Verbote und die Enthaltung von den 10 Hauptsünden. Jenes Bekenntniß wird in der Formel abgegeben: Ich nehme meine Zuflucht zu Buddha, ich nehme meine Zuflucht zur Lehre (Darma), ich nehme meine Zuflucht zum Verein der Geistlichen (Songha).

Die 5 Verbote lauten: Nicht zu tödten, nicht zu stehlen, keine Unkeuschheit zu begehen, nicht zu lügen, nichts Berauschendes zu trinken.

Von den 10 Sünden beziehen sich auf den Leib: Mord, Diebstahl, Unzucht;

auf die Rede: Lüge, Verläumdung, Fluch = und Schmähworte, unnützes Geschwätz;

auf das Gemüth: Begehrlichkeit, Bosheit (Zorn, Neid, Rache), schlimme Ansichten (Aberglaube, Zweifelsucht).

Wer jene 5 Verbote befolgt und von diesen 10 Sünden sich enthält, zählt zu den Upásakas und Upasikas, d. h. zu den Dabeistehenden oder sich Nähernden. Er wandelt nämlich nicht mehr auf dem schlechten Wege, der auch abwärts zu den Wiedergeburten in den niedersten Formen führt, er steht dem guten Wege nahe und wird vielleicht als ein Geistlicher wiedergeboren.

Für die Kandidaten des geistlichen Standes kommen zu jenen 5 Verboten noch 5 andere: Nachmittag nicht mehr zu essen, nicht zu singen, zu tanzen, zu musiziren, sich nicht mit Blumen, Bändern zu schmücken oder zu salben, nicht auf hohem und breitem Ruhebett zu sitzen oder zu liegen, kein Gold oder Silber anzunehmen. *)

25. Köppen macht bei dieser Gelegenheit die Bemerkung: Ob zwischen diesem buddhistischen Dekalog und dem mosaischen ein Zusammenhang stattfinde, sei ungewiß; fände aber keiner statt, so folge daraus: „daß die kreatürliche, heidnische, unerleuchtete Vernunft hier einmal wieder zu ganz ähnlichen Resultaten gelangt sei, wie die inspirirte."**) In einer Note zitirt er überdieß Laboulage, der 1853 über das Zusammenstimmen der buddhistischen Moral mit dem mosaischen Gesetze gleiche Verwunderung äußert.

Wenn die buddhistische Moral einerseits die Reinigung von aller Begierlichkeit, die Beherrschung aller Triebe und Leidenschaften, die Vernichtung jedes selbstischen Strebens, die Enthaltung von jeder Verletzung eines lebenden Wesens vorschreibt; so fordert sie andererseits Erbarmen gegen alle Wesen, grenzenlose Selbstaufopferung für sie. Der Nächste ist ihr jedes athmende Geschöpf.

„Diese allgemeine Wesenliebe" umfaßt selbstverständlich auch die Feinde und geht bis zur vollständigsten Hingebung seiner selbst für das Wohl jedes Geschöpfes." Wie weit diese Aufgebung des Selbst zu gehen habe, macht ein Beispiel deutlich. Einer Legende zu Folge gab Buddha in einem seiner frühern Lebensläufe einer Tigerin, die mit ihrem Jungen hungerte, seinen Leib zur Sättigung hin, und da sie zu schwach war, kräftigte er sie vorerst mit seinem Blute. Die zur Tödtung bestimmten Thiere freizukaufen, gilt als ein verdienstliches Werk, und für kranke Thiere aller Art fehlt es nicht an reich dotirten Spitälern. „Dieses Gebot der Liebe hat dem Buddhismus die Herzen geöffnet, wie Köppen sagt, und unterscheidet sich seiner Meinung nach von dem christlichen Gebot der Liebe nur dadurch, daß es sich auf alle Wesen ausdehnt und darum oft phantastisch, unnatürlich wird."

Das Verbot: Nicht zu tödten, wird von den Buddhisten in Folge dieser Liebe weit ausgedehnt.

---

*) Köppen S. 334.
**) S. 446.

Die Abschaffung der Menschen- und Thieropfer, der Todesstrafe, der Jagd, Fischerei, Seidenwürmerzucht, das Verbot seidene Kleider oder Lederschuhe zu tragen u. dgl. m. sind Folgerungen daraus.

Eine weitere Konsequenz dieser Moral war die Beseitigung des Kastenwesens, die Verbrüderung aller Nationen und Racen, zu allen lebenden Wesen. — „Die Moral des Buddhismus hat zuerst und bis jetzt allein alle Vorurtheile gegen Andersgläubige überwunden, — sie will, daß sie bekehrt, nicht daß sie gehaßt werden."

„Es gibt allerdings auch für sie nur einen Weg zum Ziel; aber alle Religionen sind auf diesem Wege. Auch ohne Buddha zu kennen, kann man zu hoher Vollkommenheit gelangen. Der Buddhismus lehrt eine religiöse und kirchliche Toleranz, die allen Religionen und Kirchen fremd ist."

Der Buddhismus fordert auch die Sittlichkeit des Familienlebens. „Vater und Mutter zu ehren, ist besser, als den Göttern des Himmels zu dienen," sagt Buddha.

„Vielweiberei und Vielmännerei wird bloß geduldet wie im Christenthum die Mätressenwirthschaft."

26. Die buddhistische Moral lehrt ein stufenweises Fortschreiten zur höheren Vollkommenheit, welche endlich nur durch Meditation erreicht wird, die in der Brahmanen-Schule und jener der Sankhja. Die Regeln dafür sind nahe dieselben, nur verwirft der Buddhismus die Kasteiungen, welche den Brahmanen Mittel zur Unterstützung der Meditation zu sein scheinen.

Der Zweck ist überdieß hier wesentlich verschieden von dem Zweck der Askese früherer Schulen. Dem Bramahnen handelt es sich um das Untergehen seines Selbstbewußtseins in Brahma, dem Sankhjaschüler um Unterscheidung der Seele vom Sinnlichen, dem Buddhisten um Auflösung derselben in das Nichtsein.

Der buddhistische Asket erlangt, wie der brahmanische, auf den höheren Stufen, deren 4 unterschieden werden, nicht bloß ein höheres, irrthumsloses Wissen, sondern auch übernatürliche Macht.

Der die höchste Stufe Erreichende heißt Archat, „er ist vollkommen frei von Sünde, von Sinnlichkeit, Liebe und Haß,

Freude und Schmerz, von jeglicher Regung und Bewegung der Ichheit und Persönlichkeit, frei von der Anhänglichkeit an die Existenz."

Aber auch er hat noch 4 Stufen mittelst der fortgesetzten Meditation zu ersteigen und erst auf der letzten gewinnt er: „das Wissen der Verwandlung oder die eigentliche Wunderkraft, — das göttliche Auge, die Fähigkeit, alle Wesen und Welten mit einem Blick zu überschauen, — das göttliche Ohr, die Kraft, alle Worte und Laute in allen Welten zu hören, — die Kenntniß der Gedanken aller Kreaturen und — die Erinnerung an die früheren Existenzen seiner selbst und aller übrigen Wesen."

Die höchste Stufe des Archats erscheint identisch mit der Buddhawürde, zu der also eigentlich Jeder gelangen kann und soll.

Mit diesem Wissen und dieser Macht wirkt er dann Wunder. Und „obschon die Wunder der katholischen Heiligen zum Kinderspiel werden, wenn man sie mit den ungeheuerlichen, geistlichen Großthaten der brahmanischen Büßer vergleicht, — so werden diese doch von den Buddhisten in Erfindung wüster Wunder- und Heiligengeschichten noch überboten."

„Wer Archat geworden, wird von allen Göttern angebetet, verehrt und begrüßt, er wird nicht wiedergeboren, sondern geht, so bald er will, ins Nirvana über."

Die späteren Buddhisten haben jedoch, wie Köppen berichtet, noch eine höhere Stufe der Vollkommenheit erdacht, die des Bodhisatva; — welche die Vorstufe der Würde eines Buddha in ganz eigenthümlichem Sinne ist: nämlich zur Würde eines Welterlösers.

Um zu dieser zu gelangen, muß man den Vorsatz haben, nicht bloß sich zu erlösen, für sich ein Buddha zu werden, sondern die Erlösung aller Geschöpfe zu vermitteln, durch die Resuscitirung der Lehre von dem wahren Wege zu diesem Ziele. Çaljamuni war ein solcher Bodhisatva und wurde nach seiner letzten Wiedergeburt endlich zum Buddha in diesem Sinne des Wortes erhoben, zum Welterlöser. Seine Lehre herrscht jetzt, aber sie wird verfallen und nach ihm wird ein Anderer die Buddhawürde erlangen (der buddhistische Messias, wie ihn Köppen nennt), der jetzt schon Bodhisatwa ist und welcher die Lehre des gegenwärtig regierenden Buddhas wieder aufblühen machen wird.

Dem Çakjamuni gingen viele Buddhas voraus, wie die Legende sagt, so viel als Sandkörner am Ufer des Ganges zu finden sind und es werden ihm noch viele folgen; denn die Welterlösung muß sich von Ewigkeit her und in Ewigkeit wiederholen, wie der Proceß des Entstehens und Vergehens der Welt.

Der Weg, auf dem man ein Buddha in diesen Sinne werden kann, ein Erlöser für alle lebenden Wesen, ist noch ungleich länger, schwieriger, als der, auf welchem der Einzelne für sich die Erlösung anstrebt. Jener wird daher als „die große Überfahrt" — in das Nirvana bezeichnet, dieser als die kleine.

Diese ganze Lehre von der großen Überfahrt und den Bodhisatvas, soll wie gesagt, späteren Ursprungs sein und nur von einem Theil der Buddhisten angenommen werden. Erwägt man die Vollkommenheiten, welche der Archat auf der höchsten Stufe erlangt, so bedarf es eigentlich keiner besondern Klasse von Buddhas zur Erlösung aller Geschöpfe, jeder Archat besitzt schon die dazu nöthige Qualität. *)

---

*) Die buddhistische Moral und Askese ist eine Nachbildung jener der Vedantaschule, welche dem buddhistischen Nihilismus angepaßt wird. Zum Beweis dessen diene Folgendes: Der Brahmane, welcher sich zu seiner Vervollkommnung in die Einsamkeit zurückgezogen und in selber den dritten Theil seines Lebens zugebracht hat, wird ein Saunjari (der Alles abgelegt und verlassen hat), der gänzlich in dem höchsten Geist ruht. „Kein Herd, kein Feuer, keine Behausung habend geht er, wenn er hungert, in ein Dorf oder eine Stadt. Er sei geduldig in der Krankheit und standhaft. Er freue sich nicht auf den Tod, er freue sich nicht am Leben. Er wandle mit Vorsicht auf der Erde, um keine Kreatur zu verletzen, er sehe (eben darum) das Wasser zum Trinken durch ein Tuch. Muß er sprechen, so rede er Worte, die durch die Wahrheit gereinigt sind. Vor allem habe er ein reines Herz. Tadel trage er mit Geduld, verkleinere Niemand, verwickle sich mit Niemand in Zwist um seines hinfälligen Leibes willen. Gegen den Zornigen sei er nicht zornig, wird er geschmäht, so spreche er Freundliches, aber kein einziges Wort verliere er über die vergängliche, täuschende Welt. Sich erfreuend am höchsten Geiste — wandle er mit dem Geiste. — Mit geordneten Haaren, Nägeln und Barte, mit Kopf und Stab möge er stets umherwandeln gesammelten Geistes, kein Wesen quälend. — Durch

β. **Der Charakter der buddhistischen Moral und ihre Früchte.**

27. So viel über die buddhistische Moral und Askese. Jene gilt als der wichtigste Theil des Buddhismus, wodurch derselbe dem Christenthum am nächsten steht, oder es sogar überragt. Christliche Missionäre und selbst der Apostolische Vikär in Siam soll ihre Früchte gelobt haben und Köppen behauptet von ihr: „sie habe die rohen Völker Asiens erzogen — erfolgreicher als das Christenthum."

Wir haben demnach Ursache, bei dieser Moral und ihrem Verhältniß zum Christenthume länger zu verweilen.

Hören wir, zunächst was Köppen selbst und Bunsen, der ebenfalls ein Bewunderer Çakjamunis ist, über sie urtheilen.

Die Gegner der buddhistischen Moral behaupten: Wo kein Gott geglaubt werde, wie im Buddhismus, könne auch keine Moral bestehen; denn die Sittlichkeit wäre ohne Halt.

Sie sagen weiter: Die einzigen Motive der buddhistischen Moral seien Lohn und Strafe bei künftigen Wiedergeburten; ihre Tugend sei also Spekulationssache.

Endlich: die Buddhalehre sei fatalistisch, läugne die Freiheit, und ohne Freiheit könne aber Moral nicht bestehen.

Köppen antwortet diesen Gegnern: Ob eine Moral ohne Gott möglich sei, das sei eine noch unentschiedene Frage. Lohn und Strafe, Himmel und Hölle seien auch Motive der christlichen Moral und in Bezug auf den Fatalismus stehe es im Christenthum, wie schon früher bemerkt, nicht besser.

„Principieller, meint er, ist der Vorwurf: Daß diese Moral nur nivellirend, auflösend, verneinend wirken könne. Alles kommt aus dem Nichts und soll ins Nichts zurück-

---

die Hemmung der Sinne und die Vertilgung von Leidenschaft und Haß und durch die Nichtbeeinträchtigung der Kreaturen wird er ausgebildet für die Unsterblichkeit" ꝛc. S. Windischmann Indien, II. B. S. 931 u. f. f. über die brahmanische Initiation.

kehren. Das Ideal ist daher: **Nicht Denken, nicht Wollen, nicht Handeln.** Sie ist an sich wesentlich negativ und kann daher allerdings direkt nur negative Einflüsse ausüben. *) Allein, das Leben nöthigt zu Inkonsequenzen."

„Entsagung und Selbstverläugnung ohne Grenzen ist der Charakter der buddhistischen Ethik."

„Sie ist eine Mönchsmoral, wirkt abspannend, lähmend, also besonders in politischer Hinsicht verknechtend. Die wirkliche Welt hat für sie keinen Werth. **) „Alle großen irdischen und weltlichen Interessen und Fragen, nationale, politische, sociale, humane liegen ihr daher an sich ferne und haben höchstens, insoferne für sie Bedeutung, als dieselben Mittel werden können die Seele ins Jenseits der Erkenntniß und Befreiung zu führen", darum mangelt es auch dem Buddhismus an Kunst und Wissenschaft und seine Moral erzeugt eine Leerheit des Herzens, wie jeder Pietismus". ***)

Chr. C. Bunsen kommt zu einem ähnlichen Urtheil über den Charakter und die Früchte der buddhistischen Moral obwohl er um jeden Preis den Buddhismus als Theismus oder wenigstens als Hylozoismus erweisen will und behauptet: „Buddha sage nichts, was sich nicht in theosophischen Schriften der tieferen christlichen Väter und insbesondere der deutschen Mystiker des 13. Jahrhunderts fände, um nicht zu sagen in den Worten des Evangeliums, insbesondere des Johanneischen." ****)

„Allerdings, sagt Bunsen, hat der Buddhismus bei den Mongolen mildere Sitten eingeführt, aber nirgends hat er ein gesundes, weltbildendes Leben hervorgerufen. In Vorderindien hat er sich durch ein ziemlich vollständiges indisches Pantheon an das Brahmanenthum angelehnt, das nur Buddha statt Brahma zum Mittelpunkt hat. Bei den übrigen arischen Stämmen hat er nie Eingang gefunden. — Im Plane der Welt-

---

*) In welchem Sinne diese Moral negativ sei, wird sich weiter unten zeigen.
**) S. 480.
***) Gützlaff bemerkt, daß die Gesichter der buddhistischen Geistlichen in China den Ausdruck des entwickelten Blödsinns tragen; was wohl aus der Moral und Askese des Buddhismus begreiflich wird.
****) S. 170 Gott in der Geschichte II. Th.

erdnung erscheint er schon jetzt, wie eine milde Gabe Opium für die besessenen oder verzweifelnden Volksstämme des weltmüden Asiens. Der Schlaf dauert lange, aber er ist doch ein sanfter, und wer weiß, ob nicht bereits der Auferstehungsmorgen tagt." *)

Diesen Ansichten über die Früchte der buddhistischen Moral entspricht auch die Bemerkung eines christlichen Missionärs in Betreff der buddhistischen Toleranz und Zugänglichkeit für die christliche Lehre: „Zugänglich, sagt er, ist der Buddhismus allerdings, aber nur so wie ein Kirchhof."

28. Sind diese Urtheile der Freunde des Buddhismus begründet, hat die buddhistische Moral in der That diese Erfolge erzielt und geben die Früchte Zeugniß von dem Baume, der sie trägt, so steht so viel fest: die buddhistische Moral weist nicht den Weg der Wahrheit, der zum Heile führt. Sie ist eine Irrlehre, welche das geistige Leben der Völker deprimirt, entnervt, in Schlaf versenkt und in so weit entschieden verderblich auf dasselbe gewirkt hat.

Wenn Köppen ungeachtet seinem eigenen Verdammungsurtheil über die buddhistische Moral dennoch an einem „wohlthätigen Einfluß, an einer civilisirenden Kraft des Buddhismus festhalten will, „weil es bei der Erziehung der Völker die „erste und vielleicht wichtigste Aufgabe sei, die Rohheit und „Wildheit auszurotten, den Blutdurst, die Raubgier und Wollust zu „bändigen," — so wird ihm darin nur der beistimmen, welcher die Völker als reißende Bestien betrachtet,**) die für eine Menagerie eingefangen vorerst wenigstens halbwegs gebändigt werden müssen, bevor man sie ohne Gefahr allerlei Kunststücke lehren und dann für Geld sehen lassen kann.

Nach unserer Ansicht ist die Aufgabe der Völkererziehung eine andere.

---

* S. 181—2.
**) Die moderne, vom Christenthum emancipirte Humanität neigt zu dieser Völkererziehungsmethode hin. Sie will die Religion durch einen Strafcoder und eine energische Exekutive ersetzen, nur die bösen Elemente in dem Menschen zu bändigen.

Ein Erzieher, der den ihm anvertrauten rohen, verwilderten Jüngling vorerst durch Furcht und Hunger stumpf und blödsinnig machen zu müssen meint, — ein Arzt, der einem in Fieber Tobenden so lange Blut abläßt, bis er nur mehr stille delirirt, scheint uns weniger empfehlenswerth als strafwürdig. — Aus ähnlichen Gründen können wir auch in jenes Lob der buddhistischen Moral nicht einstimmen, obschon wir nicht läugnen wollen, daß in einzelnen Beziehungen früher bestandene Uebelstände durch sie behoben oder doch verbessert worden. Wir werden auf diese günstigere Seite der Wirkungen des Buddhismus später zu sprechen kommen.

29. Was soll man aber nach den obigen Urtheilen der Freunde des Buddhismus über die Früchte der buddhistischen Moral dazu sagen, wenn sie dennoch den Muth haben, diese Moral neben oder sogar über die christliche zu stellen!"

Der Geschichte zu Folge hat auch das Christenthum rohe, verwilderte Völker in allen Welttheilen gebändigt, ihre Sitten gemildert, sie aus einem Zustande der Rohheit erhoben; aber ohne ihre geistige Lebenskraft abzuschwächen. Es hat keinen bloß negativen, bindenden, lähmenden, sondern einen positiven, bildenden Einfluß auf sie geübt; es hat die höheren, geistigen Interessen in ihnen zu wecken verstanden, ihr Streben auf menschenwürdige Ziele gerichtet; es hat sie zur bürgerlichen und politischen Freiheit entwickelt, und sie zu Repräsentanten der Wissenschaften und Künste unter den Völkern der Erde gemacht.

Wer will diese Früchte des Christenthums in der Gegenwart läugnen? Der Buddhismus hat die rohen mongolischen Horden, die verwilderten Thibetaner und die Hinterindischen Völker zahm gemacht; aber bei den kultivirten Völkern Chinas und Japans war seine Wirkung gering, sagen selbst Bunsen und Köppen. Man kann noch mehr sagen: der Buddhismus hat diese Völker demoralisirt und insbesondere die Chinesen zu jener religiösen und sittlichen Verkommenheit herabgesetzt, in der wir sie heute finden. *)

---

*) S. Huc Reise durch China, und Windischmau's oben citirtes Werk über China und das Eindringen der Lehre Buddhas.

Das Christenthum hat zunächst sich an die alten Kulturvölker des römischen Weltreiches gewendet, deren religiöses, sittliches, bürgerliches und sociales Leben entartet war und sich, so zu sagen, in den letzten Stadien der Zersetzung befand. Es hat diese Völker geistig regenerirt, hat ein neues, kräftiges, religiöses und sittliches Leben in ihnen angefacht, hat ihre bürgerlichen und socialen Zustände umgewandelt und die Entwicklung eines geistigen Strebens eingeleitet, das bis jetzt nicht zum Stillstand gelangt ist.

Welche Völker sind in der Gegenwart die Träger der Kultur, die Repräsentanten der echt menschlichen Bildung und eines fortschreitenden geistigen Strebens? Will man läugnen, daß es die christlichen Völker sind oder daß sie es durch das Christenthum sind?

Die Leidenschaft macht blind und bornirt, aber man sollte meinen, daß auch leidenschaftliche Gegner des Christenthums und enthusiastische Bewunderer des Buddhismus, sobald sie nur einigermaßen noch der Besinnung fähig geblieben, jene Thatsache der Geschichte, diese thatsächliche Wirklichkeit nicht in Abrede zu stellen vermöchten.

Die chinesischen Reichscensoren erkannten die Gefahr der Demoralisation welche durch die Einführung des Buddhismus dem Volke drohte. Sie widersetzten sich daher mit aller Kraft durch Jahrhunderte und hinderten auch die gesetzliche Anerkennung der Buddhalehre. Noch im 9. Jahrh. n. Ch. richtet der Reichscensor Han-ju eine Vorstellung an den Kaiser Ta-tsong, in der er sagt:

„Fo (Buddha) ist nur ein Mensch, dem man nach seinem Tode göttliche Ehre erwies. Statt halbvermoderten Knochen so viel Ehrfurcht zu erweisen, solltest du sie dem Collegium des Ritus übergeben mit dem Befehl, sie zu verbrennen oder ins Wasser werfen zu lassen. Du würdest dadurch dem Fortschritt einer Verblendung und Bezauberung Einhalt thun, die mit jedem Tage unheilbarer wird.

Die künftigen Generationen würden dich preisen, einem Übel gesteuert zu haben, welches, wie es jetzt schon ist, auch für die Folge eine Quelle des Unglücks sein wird. Hat Fo irgend eine Gewalt, so möge sein Zorn über mich kommen."

Der freimüthige Hang-ju wurde vom Hof verwiesen, aber der Kaiser wagte doch nicht, ihn weiter zu verfolgen.

Die Wirkungen des Buddhismus sind thatsächlich das Gegentheil von den Wirkungen des Christenthums.

Wer auch nur hierauf achtet, auf die Erfolge der buddhistischen und christlichen Moral, der wird, wenn er der Wahrheit Zeugniß geben will, anerkennen, daß eine Gleichstellung des Buddhismus und des Christenthums in dieser Beziehung, milde bezeichnet, eine Verläugnung geschichtlicher Thatsachen sei.

γ) **Der Inhalt der buddhistischen Moral.**

29. Wir wollen jedoch bei den **Erfolgen** der buddhistischen Moral nicht stehen bleiben; Köppen stellt sie nicht bloß um dieser, sondern um ihres **wesentlichen Inhaltes** willen der christlichen Moral gleich, wie wir bereits gehört haben. Wir müssen also auf diesen Inhalt näher eingehen, lassen jedoch die **rohen und fanatischen Ausfälle** auf die katholische Kirche, die wir oben nur hie und da angedeutet haben, unberührt.

Dem Verfasser eines wissenschaftlichen Werkes gereichen sie wahrlich wenig zur Ehre und wir könnten sie nur abweisen, indem wir selbst unsere rein wissenschaftliche Aufgabe aus dem Auge verlieren.

Wenn die buddhistische Weltauffassung sich wesentlich von jener der Vedantaschule unterscheidet, wenn sie in der That so entschieden nihilistisch ist, als Köppen behauptet und wir zu glauben Grund haben, — dann kann sie allerdings nicht die Grundlage einer Moral sein, wie man auch bereits, nach Köppens Bericht, bemerkt hat. Es mag die Frage annoch unentschieden sein, wie er sagt, ob eine Moral ohne Gott möglich sei oder nicht; — man mag von einer Moral des Pantheismus, ja des Materialismus sprechen können, wenn auch nicht im Sinne des Christenthums, — von einer Moral des Buddhismus wird man aber darum doch noch nicht sprechen können. Dort kann von einer, der Weltsubstanz, der Natur, der Materie immanenten Gesetzmäßigkeit, von einer objektiven Vernünftigkeit alles Seienden und Lebenden die Rede sein und darum auch von einer anscheinenden oder wirklichen Gesetzwidrigkeit, Vernunftwidrigkeit des einzelnen subjektiven Lebens, welches als ein Böses, als ein nicht sein Sollendes, nicht objektiv Giltiges bezeichnet werden kann. Hier aber, wo es überhaupt kein Seiendes gibt, sondern nur Scheinbares, nichtige wesenlose Traumbilder, und wo diese an sich schon ein Nichtseinsollendes sind, kann innerhalb dieser Scheinwelt zwischen Seinsollendem und Nichtseinsollendem, objektiv Giltigem und Ungiltigem, Gesetzmäßigem und Gesetzwidrigem, Vernünftigem und Unvernünftigem mit Grund nicht abermals unterschieden werden. Alles Dasein, Leben, Denken, Wollen ist an sich ein Nichtseinsollendes, Sündiges, Böses und nur insofern es sich selbst negirt, könnte es als Gutes bezeichnet werden.

Ein moralisch gutes Wollen, welches einen positiven Inhalt hätte, welches die Affirmation von irgend einem Wirklichen wäre, gibt es hier nicht. Der atheistische Materialismus kennt doch noch ein Etwas, welches zu wollen er für vernünftig, welches nicht zu wollen er für vernunftwidrig ansieht. Der Buddhismus kennt nur ein Etwas, welches zu negiren ist, nämlich: das Dasein. Das zu Wollende ist für ihn nur das Nichtsein. In diesem umfassendsten Sinne ist die buddhistische Moral negativ.

Für die buddhistische Weltauffassung nach Darstellung Köppens ist demnach nicht blos eine Moral im christlichen, sondern auch im pantheistischen, ja selbst im materialistischen Sinne eine Inkonsequenz. Köppen gesteht ja dieß im Grunde selbst zu, wie wir bereits gehört haben. Die Lehre von einer moralischen Weltordnung, einem Guten und Bösen, von der Sünde und ihrer Vererbung, einer nothwendigen Ausgleichung zwischen Betragen und Befinden, ist ein dem Buddhismus fremdes Element, welches er aus der indischen Volksreligion aufgenommen hat und wodurch er erst selbst zur Religion geworden. Auf demselben Wege ist er auch zu einer Moral und Askese gelangt. Die buddhistische Moral und Askese ist der Brahmalehre entnommen, ist eine Modificirung dieser, wodurch sie der buddhistischen Dogmatik angepaßt werden soll; was aber selbstverständlich ohne fortgesetzte Inkonsequenz nicht möglich ist.

Der buddhistische und mosaische Dekalog.

30. Was zunächst die 5 Verbote und die 10 Sünden anbelangt, in welchen Köppen eine auffallende Aehnlichkeit mit dem mosaischen Dekalog findet, die sich nur aus „einem geschichtlichen Zusammenhang beider oder daraus erklären lasse, daß die natürliche heidnische Vernunft hier einmal wieder zu ganz ähnlichen Resultaten gelangt sei als die inspirirte;" — so kann man sich kaum des Lächelns enthalten über den Eifer, mit welchem K. nach jeder scheinbar sich darbietenden Gelegenheit greift, um gegen den verhaßten Christianismus polemisiren zu können. Es war in der That unnöthig, zur Konstatirung jener Aehnlichkeit, sich noch auf eine andere Auktorität zu berufen; denn es ist kein Grund, sie zu bestreiten.

Jene 5 Verbote und 10 Sünden finden sich ja stückweise in der Moral der Bedantaschule und Buddha war in diesem Punkt nicht genöthigt, erst mit Moses sich in Verkehr zu setzen. Woher das indische Volk diese sittliche Erkenntniß habe, diese Frage wird wohl ebenso beantwortet werden müssen, als die, woher andere alte Völker, z. B. die Chinesen wesentlich gleiche sittliche Vorstellungen und Gesetze erhalten haben, denen auch keine besondere übernatürliche Offenbarung zu Theil ward. Diese sittlichen Erkenntnisse sind ein Ueberrest des sittlichen Bewußtseins der Menschheit vor der Völkertheilung, welches durch die Noachische Fluth und das Noachische Gesetz wieder geweckt worden.

Köppens Eifer für die natürliche, heidnische und gegen die inspirirte Vernunft ist überdieß hier verschwendet; denn, wäre er über die christliche Moral so gut unterrichtet, als er über die buddhistische sein will, so wüßte er, daß sich das mosaische Gesetz seinem Inhalte nach selbst als das natürliche Vernunftgesetz bekennt *) und daß der Apostel Paulus ausdrücklich erklärt, das Gesetz, welches

---

*) Deuteron. 30. Mandatum hoc quod ego praecepi tibi, non supra te est, neque procul positum. Nec in coelo situm, ut possis dicere; quis nostrum valet ascendere, ut deferat illud ad nos et audiamus atque opere compleamus. Sed juxta te est sermo valde, in ore tuo et in corde tuo, ut facias illum.

ben Israeliten als positives auf Sinai pronulgirt ward, sei jedem Menschen, auch den Heiden, ins Herz geschrieben, das Gesetz des Gewissens, das jedem leuchtet, durch die Gnade Christi von Anbeginn.

Man hat also wahrlich keinen Grund, sich über das Vorhandensein solcher moralischer Einsichten bei den heidnischen Völkern zu verwundern und die für den Buddhismus Schwärmenden machen sich nur lächerlich, wenn sie uns glauben machen wollen, der Erleuchtete der Çakja's habe sich selbst durch seine Meditationen zu solcher sittlichen Erkenntniß emporgeschwungen und seine Anhänger dazu erhoben.

Diese sittlichen Vorschriften können nicht als eine Eigenthümlichkeit der buddhistischen Moral gelten, da sie sich auch bei anderen alten heidnischen Völkern und lange vor Buddha finden; ja — es wird wenige Völker geben und gegeben haben, bei welchen nicht Mord, Diebstahl, Lüge, Unzucht als Sünde erkannt worden wären. Der Enthusiasmus für die Moral Buddhas ist in soweit wahrlich schlecht gerechtfertigt. *)

Die allgemeine Wesenliebe des Buddhismus, ihr Charakter und Verhältniß zur christlichen Liebe.

31. Das Hervorragendste an der buddhistischen Moral ist, nach Köppens Darstellung: „die allgemeine Wesenliebe," die schrankenlose Selbstaufopferung, welche sie lehrt und wodurch sie die Herzen der Völker gewonnen und ihre Sitten gemildert hat.

Mit dieser Lehre soll sie der christlichen Moral nicht bloß gleichstehen, sondern selbe überragen.

Versteht man unter jener allgemeinen Wesenliebe nicht mehr als die Schonung des Lebens aller athmenden Geschöpfe; so ist diese

---

*) Die Verwunderung über das Vorfinden dieser sittlichen Vorstellungen bei allen Völkern wäre nur dann gerechtfertigt, wenn die Menschen nicht von einem Elternpaare abstammen und ihrem Wesen nach bloße thierische Individuen sind, die zu verschiedenen Species einer Gattung zu zählen sind.

Lehre nicht neu; wir haben sie bereits im Gesetzbuch des Manu gefunden und sie wird in der Vedantaschule ebenso bis zur Vernunftwidrigkeit ausgedehnt als in den buddhistischen Schulen. Auch der Brahmane muß bei jedem Schritt genau untersuchen, wo er seinen Fuß hinsetzen kann, ohne ein Thier zu verletzen, und er muß sein Wasser durchseihen, um kein Thier zu verschlucken. Weiter kann der Buddhiste in der Schonung des Lebenden oder in der Ausdehnung des Verbotes: nicht zu tödten, kaum gehen, sollte man meinen.

Versteht man aber unter jener Liebe mehr als solche Schonung, soll das Wort Liebe in dem gewöhnlichen Sinne genommen werden, in dem es eine positive Bedeutung hat, dann muß man sich doch fragen, wenn man ein wissenschaftlich gerechtfertigtes Urtheil in der Sache abgeben will, worauf der Buddhismus die Forderung solcher Liebe stützt; — denn in seiner Auffassung der Welt und des Lebens ist sie wahrlich nicht begründet.

Für den Christen sind die Weltwesen von Gott aus freier Liebe geschaffen, die ihre eigene Vollkommenheit mittheilen will; in jedem Geschöpfe dieser unendlichen Liebe findet er die Spur der göttlichen Vollkommenheit, in den geistigen Geschöpfen, in den Menschen, findet er Wesen, die nach dem Ebenbilde dieses Gottes geschaffen, zu einem Leben in solcher freien uneigennützigen Liebe befähigt und bestimmt sind. Der Christ findet also in diesen Geschöpfen allerdings würdige Gegenstände eines uneigennützigen Wohlgefallens und Wohlwollens, sie sind für ihn an sich und um ihres Schöpfers und Urbildes willen liebenswerth. Seine Liebe zu allen Geschöpfen Gottes, zu den nach Gottes Ebenbild geschaffenen insbesondere hat demnach einen objektiven Grund. Er weiß warum er die Geschöpfe und was er in ihnen zu lieben hat. Weiß dieß aber auch die Schule des Buddhas?

Die Welt ist für Buddha ein Nichtseinsollendes, das Dasein ist an sich ein Übel, — weder an der Welt im Ganzen, noch an den Welt-Bestandtheilen im Einzelnen vermag er darum irgend eine Vollkommenheit, ein Gutes zu finden, an dem er Wohlgefallen, worüber er Freude haben könnte.

Im Gegentheil, — die Welt ist für den Buddhisten an sich ein Gegenstand des unbedingten und unbeschränkten Mißfallens, er kann nur bedauern, daß sie ist, — nur wollen, daß sie nicht sei.

In den neben ihm Lebenden kann er nur Leidensgenossen erblicken, die unter demselben Jammer seufzen und auf Erlösung d. h. Vernichtung harren.

Er kann über ihr Leben und Wohlsein sich nicht erfreuen, wenn er bedenkt, daß jenes nur die Quelle des Jammers und dieses die Ursache der Steigerung und Verlängerung desselben ist.

Was auf diese Anschauung der Welt sich stützen kann, ist: bloßes Mitleid mit jedem lebenden Wesen und ein Streben nach möglicher Verminderung ihres Elendes. Dieses Mitleid ist jedoch nach unseren Begriffen noch nicht Liebe, am wenigsten jene Liebe, welche die christliche Moral fordert und als gottähnliches Leben bezeichnet.

Mit anderen Worten: die Liebe im eigentlichen und positiven Sinne als uneigennützige Freude an der Vollkommenheit eines Andern und uneigennützige Förderung derselben ist an sich dem Buddhismus etwas Fremdes, mit seiner Weltauffassung nicht verträgliches, ihr widerstreitendes; — und wenn er doch allgemeine Wesenliebe fordert, so ist das Geforderte nicht Liebe oder die Forderung ist eben auch eine von jenen vielen, praktischen Inkonsequenzen, denen er seine Existenz verdankt. Überdieß, und daran sollten wir den Verfasser eines wissenschaftlichen Werkes nicht erst erinnern dürfen, kommt es bei dem Urtheil über Identität einer Moral mit einer andern nicht so sehr auf das Gleichlauten ihrer konkreten Regeln an, als vielmehr auf die Gleichheit der Principien, aus welchen sich diese ergeben. Sind die konkreten Pflichtgebote in diesem Principe nicht begründet, oder widerstreiten sie sogar demselben, so folgt aus ihnen nichts für die Identität mit einer andern Sittenlehre, die gleichlautende Gebote oder Verbote enthält.

32. Wenn Köppen zwischen dem christlichen und buddhistischen Gebot der Liebe nur den Unterschied findet, daß jenes sich auf die Menschen beschränkt und mehr positiven Inhalt

hat, während dieses auf alle Wesen sich ausdehnt und eine mehr passive Liebe fordert; so ist dieß nach dem über das Wesen der christlichen Liebe bereits gesagten ein Zeugniß der Leichtfertigkeit und Oberflächlichkeit seines Urtheils. Es kommt eben darauf an, was er unter „passiver Liebe" versteht. — Er meint damit, wie er S. 449 erklärt, jene Erscheinung, die man gewöhnlich Mitleid nennt und die wohl ein Moment der Liebe, aber noch nicht diese selbst ist.

Charakteristisch für Köppens Polemik gegen das Christenthum ist eine andere Aeußerung bei dieser Gelegenheit. Er bemerkt in der Note 3 S. 448: „Ich führe keinen Missionär und Theologen an, bei denen es sich von selbst versteht, daß die christliche Nächstenliebe etwas Apartes sei, sondern lasse einen Historiker reden."

Dunker in seiner Geschichte des Alterthums II. B. S. 187 sagt über das buddhistische Gebot der Liebe: „Aber die Liebe ist nach Buddhas System nicht wie im Christenthum um ihrer selbst willen oberstes Gebot, sondern ein Mittel die Leiden der Welt zu vermindern, sie will nicht schlechthin die Selbstsucht vernichten, sie will nicht für den andern mehr leben als für sich selbst, sie will nur mit den Andern klagen und durch hilfreiche Gemeinschaft das Leben erträglich machen."

Bunsen erklärt sich mit diesem Urtheil Dunkers einverstanden. Köppen erwiedert aber darauf: „Daß die Liebe um ihrer selbst willen im Christenthum oberstes Gebot sei." Diese Behauptung ist nichts als pure Phrase, denn im Christenthum wie im Buddhismus wird die Liebe nicht um ihrer selbst willen, sondern der Menschen, der Geschöpfe wegen geboten."

Nach unserer Ansicht dürfte Dunkers Behauptung doch mehr als pure Phrase sein; denn das Christenthum will den Menschen zu einem gottähnlichen Leben erziehen und erheben und dieses Leben ist die freie, uneigennützige, ihre eigene Vollkommenheit mittheilen wollende Liebe und diese Liebe eben ist das an sich und unbedingt Gute, bei dem nach einem Wozu? nicht wieder gefragt werden kann; sie ist also allerdings um ihrer selbst willen geboten, weil Endzweck aller Gebote.

Köppen bekennt, er könne den principiellen Unterschied nicht fassen, der zwischen dem christlichen und buddhistischen Gebot der Liebe behauptet wird, denn beide stellen genau dieselben Anforderungen, nur daß die buddhistische äußerlich weiter reicht. — Der Christus gebietet, unsere Feinde zu lieben, wohl zu thun denen, die uns hassen, beleidigen und verfolgen; ganz eben so der Buddha" u. s. w.

Vielleicht hätte er diesen principiellen Unterschied doch erfaßt, wenn er sich die Frage gestellt hätte: Ob und in wie ferne das Gebot der Liebe in der buddhistischen Welt- und Lebensanschauung begründet sei, — ob und in wie ferne in der christlichen?

Ohne gründliche Erwägung und Beantwortung dieser Frage ist alles Gerede über das Gleichlauten christlicher und buddhistischer Gebote, wie gesagt, unwissenschaftliche Faselei, oder, um uns seines eigenen Ausdruckes zu bedienen, mit dem er hoffärtig Dunkers Urtheil abthun will: pure Phrasenmacherei.

33. In Betreff der Feindesliebe bemerken wir noch Folgendes: Da nach unserer Einsicht das Gebot der Liebe in der buddhistischen Dogmatik überhaupt keinen Grund hat, so hat solchen auch nicht das Gebot der Feindesliebe, — wohl aber, wie wir weiter unten sehen werden, das Gebot: jede Beleidigung absolut, widerstandslos hinzunehmen. In diesem Sinne ist dem Christen das Gebot: den Feind zu lieben, nicht gegeben. Die Forderung der Feindesliebe hat für den Christen einen wesentlich andern Inhalt, und mit diesem Inhalte beruht sie auf dem oben angezeigten Grunde, und folgt nothwendig aus der christlichen Dogmatik. Das buddhistische Gebot der Feindesliebe und das christliche lauten gleich, sind aber zwei inkommensurable Forderungen, weil sie von verschiedenen Principien ausgehen und verschiedenen Inhalt haben.

Ein Gebot: den Feind zu lieben, kennt übrigens allerdings nicht bloß die christliche Moral, wir finden es in der Sittenlehre unserer Völker und philosophischen Schulen ebenfalls, und zwar, — was wohl zu beachten, in einem, der christlichen Feindesliebe weit näher stehenden Sinne, als es in der buddhistischen Moral sich findet.

Und doch ist das christliche Gebot der Feindesliebe etwas der christlichen Moral Eigenthümliches, oder — um mit Köppen zu reden, etwas Apartes, und zwar, weil sie außer jenem Grunde, auf dem die Liebe zum Nächsten überhaupt ruht, noch einen specifischen hat in der Erlösung durch den Gottmenschen. Gott hat den von ihm abgefallenen, dem Reiche der Feinde Gottes sich anschließenden Menschen so sehr geliebt, daß er seinen eingeborenen Sohn für ihn dahin gab; — und der Sohn hat den sündigen Menschen so sehr geliebt, daß er zum Lamme wurde, das die Sünden der Welt auf sich nahm. Die ewige Liebe, die den Menschen geschaffen, hat sich also in der Zeit als Feindesliebe geoffenbart. Wer diese Liebe in sich nicht nachbildet, kann keinen Theil haben an dem Reiche, zu welchem diese Liebe dem Menschen die Pforte wieder eröffnet hat. Bedeutungsvoll ist daher die Rede Christi: So ihr nur die liebet, welche euch lieben, was thut ihr mehr als die Heiden?

Bedeutungsvoll ist die Gleichnißrede von dem Knechte, der seinem Herrn eine große Summe schuldet, und der doch seinen Mitknechten einer kleinen Schuld willen plagt, — eben so, — daß die Bitte um Verzeihung unserer Schulden geeint werden soll mit dem Beisatz: gleich wie wir unseren Schuldnern verzeihen. Wer also seinem Feinde nicht vom Herzen verzeiht, somit ihn nicht als seinen Bruder in und durch Christus liebt, der hat keinen Theil an der Frucht des Erlösungswerkes, das ein Werk der Liebe zu den Feinden ist.

34. Das Gebot der Feindesliebe steht im Buddhismus da als eine unbegründete und unberechtigte Forderung; — das christliche Gebot der Feindesliebe offenbart uns die Tiefe der göttlichen Charitas.

Doch fahren wir in unserer Analyse der buddhistischen Moral fort.

Köppen sagt, der Buddhismus kenne keine Pflichten gegen Gott, weil es für ihn keinen Gott gibt, er erkenne aber Selbst- und Nächstenpflichten.

Genau genommen sollte der Buddhist auch diese Pflichten nicht anerkennen, weil es für ihn weder in seinem Selbst noch in dem seines Nächsten einen verpflichtenden Grund gibt. Die ganze Pflichtenlehre ist für den Buddhismus eine Inkonsequenz.

Die Selbstpflicht verlangt vom Buddhisten vollständige Austilgung des Willens: zu sein und zu leben, also die unbeschränkte Negation seines Selbst.

Dieß ist maßgebend für das Verhalten des Buddhisten gegen andere lebende Wesen. **Er darf dem Negirtwerden von ihrer Seite, der Beleidigung, Unterdrückung, Mißhandlung keinen Widerstand entgegensetzen, soweit selbe auch gehen mögen; — und dieß ist der Grund und Charakter der oben erwähnten Buddhisten-Pflicht: den Feind zu lieben.**

Die buddhistische Legende gefällt sich in der Ausschmückung heroischer Beispiele solcher Selbstverläugnung und Duldung und selbe gibt der buddhistischen Moral den Anstrich der Milde und Sanftmuth.

Diese Milde und Sanftmuth beruht aber, das wird Niemand läugnen, auf einem **unwahren Grunde, sie ist widernatürlich, unvernünftig.***) Soll das, was moralischer Irrthum ist, als ein Vorzug gegenüber der christlichen Moral geltend ge-

---

*) „Wenn ein Frommer von den Menschen beschimpft wird, so denkt er: Es sind gute Leute, weil sie mich nicht schlagen. Schlagen sie ihn mit der Faust, so denkt er: es sind gute Leute, weil sie mich nicht mit dem Stocke schlagen. Schlagen sie mit dem Stocke, so denkt er, sie sind sanft, weil sie mich nicht todschlagen. Tödten sie ihn, so denkt er, sie sind gut, weil sie mich mit so wenig Schmerzen von diesem unreinen Körper befreien. Zu dem, der solches bekannte, sagte freudig Çakjamuni: Gehe Befreiter und befreie du die am andern Ufer angekommenen ꝛc., so berichtet Bournof. Wuttke bemerkt dazu: „Diese Sanftmuth ist allerdings weder natürlich, noch auf höherem Standpunkt sittlich, weil sie in sich unwahr ist; sie ist aber eine naheliegende Folge der ganzen buddhistischen Weltanschauung. Christus befiehlt zwar dem Petrus sein Schwert einzustecken, aber den Knecht, der ihn vor dem hohen Priester schlug, erklärt er keineswegs für gut und sanft, — hält ihm vielmehr sein Unrecht in strengen Worten vor." S. 579.

macht oder mit jener Selbstverläugnung, Milde und Sanftmuth verglichen werden, welche das Christenthum zur Pflicht macht?

Die christliche Moral fordert allerdings auch Selbstverläugnung, Selbstabtödtung, aber sie kennt auch eine Pflicht der Gerechtigkeit gegen sich selbst, eine Pflicht der Selbstachtung und Selbstliebe und sie macht diese zum Maßstab der Gerechtigkeit und Liebe gegen den Nächsten. Ihr Gesetz heißt: Liebe Gott über Alles, den Nächsten aber, wie dich selbst. Gott ist als das absolut Gute um seiner selbst willen zu lieben, — die Kreatur aber, weil und insoweit sie Nachbild Gottes ist, also um Gottes willen.

Eine Negation des Selbst, wie sie der Buddhismus fordert, ein nicht sein, nicht leben Wollen, wäre für den Christen ein Frevel, eine schwere Sünde gegen Gott und sich selbst.

Köppen ist also wenigstens schlecht über den Geist der christlichen Moral berichtet, *) wenn er sie hierin für identisch mit der buddhistischen hält. Daß beide diametral einander entgegengesetzt sind, kommt nirgends deutlicher zu Tage, als eben hier in dem Glanzpunkt der buddhistischen Moral. Diese will den Weg zeigen, der zur bleibenden Auflösung der Existenz und damit zum Ende alles Elendes führt. Jene, die christliche Moral, will den Weg zeigen, welcher zu einem vollendeten Gott ähnlichen persönlichen Dasein, zu einer bleibenden, unwandelbaren, persönlichen Einigung der Menschen mit Gott, zu dem wahren, vollen, ewigen Leben, der kreatürlichen Persönlichkeit, zum Genuß desselben führt.

Der Ausdruck: diametral entgegengesetzt, würde jedoch immer noch nicht das wahre Verhältniß der buddhistischen Moral zur christlichen genau bezeichnen.

Auch handelt es sich nicht zwischen beiden um ein mehr oder weniger des Positiven und Negativen, wie Köppen zu meinen scheint; sondern weil sie auf heterogenen Principien beruhen, sind

---

*) Gleichwie zum Verständniß des Buddhismus, dessen Vorgeschichte wichtig ist, so würde es zum Verständniß der Polemik Köppens gegen das Christenthum interessant sein, zu erfahren, woher er seine Kenntniß vom Christenthum genommen.

ihre konkreten Lehrsätze, auch wenn sie ähnlich lauten, nicht mit einander vergleichbar. *)

Diese principielle Verschiedenheit tritt auch bei näherer Erwägung der übrigen nach Köppen oben erwähnten Punkte der buddhistischen Moral hervor.

Die Ehe und Familie.

35. Köppen lobt die Sittlichkeit des buddhistischen Familienlebens und erwähnt, daß Buddha Vater und Mutter zu ehren für besser erachtet, als den Göttern des Himmels zu dienen.

Burnouf S. 558 berichtet aber auch wesentlich Anderes: Den Frommen solle, nach Buddha, Gattin, Tochter, Mutter soviel gelten, wie ein feiles Weib.

Um die erste Erklärung Buddhas nicht zu mißverstehen, müssen wir uns erinnern, daß diese Götter nur zu höherer Vollkommenheit gelangte Menschenseelen sind, die nach einigen Wiedergeburten ins Nirvana übergehen werden. Eine wirkliche Gottheit erkennt ja Buddha nicht an. Daß die Ehrfurcht vor den Eltern als Pflicht der buddhistischen Moral eigenthümlich sei, wird wohl kaum Jemand behaupten. Diese Pflicht findet sich bei den Indern vor Buddha auf das Entschiedenste ausgesprochen und in der rührendsten Weise geübt. Dieselbe Verehrung gegen die Eltern bildet den Hauptzug der chinesischen Sittenlehre seit den ältesten Zeiten. Wir finden sie aber auch noch bei den jüngeren Völkern, den Römern und Griechen; ja, sie erscheint uns als derjenige Punkt im sittlichen Leben der Völker, welcher überall von der fortschreitenden sittlichen Depravation und socialen Fäulniß zuletzt ergriffen wird.

Hinsichtlich der Ehe bemerkt Köppen, daß die Geistlichen allerdings ehelos zu leben verbunden seien, aber der Cölibat das Drückende verliere, weil man den geistlichen Stand zu jeder Stunde wieder verlassen könne.

---

*) Daran ändert es nichts, wenn die buddhistische Moral vieles verbietet, was auch die christliche als Sünde bezeichnet, und wenn sie auch jede nur erdenkliche Tugend vorschreibt, wie uns Köppen S. 483 nach Tennent berichtet.

„Vielweiberei werde zwar geduldet, aber nur so, wie im Christenthum die Mätressenwirthschaft." (S. 474.)

Allein, es handelt sich für uns beim Buddhismus nicht blos um die Duldung der Vielweiberei, sondern um den **sittlichen Grund der Ehe** überhaupt; und dieser fehlt ihr. Denn nach der Lehre Buddhas ist die Zeugung ein Uebel, die Ehe also — ein unsittliches, nichtseinsollendes Verhältniß, welches von dem, der nach Vollkommenheit ernstlich strebt, **unbedingt vermieden werden muß**. Nicht bloß die Vielweiberei, die **Ehe überhaupt ist etwas vom Buddhismus nur Geduldetes**.

Köppen selbst wagt die Inkonsequenz hier nicht zu läugnen, er meint aber: „Wenn das eine Inkonsequenz ist, so ist es wenigstens eine solche, die ihm (dem Buddhismus) zur Ehre gereicht, wie denn theoretische Inkonsequenzen zu Gunsten der Praxis oft nicht die schlechteste Seite der Religionen ist." (473) So wie sie dasteht, ist die Phrase widersinnig; aber Köppen will vermuthlich sagen: Den Bekennern des Buddhismus gereicht ein solcher Widerstreit ihrer Praxis mit ihrer Glaubenslehre zur Ehre.

Eine Religion hingegen, deren Praxis der Wahrheit entsprechender ist, als ihre Theorie, bezeigt sich hiermit selbst als eine Religion, die auf **unwahrem Grunde** beruht, weil das religiöse und sittliche Gefühl ihrer Bekenner sich gegen die konsequente Anwendung ihrer Principien sträubt.

Umgekehrt wird die Wahrheit einer Religion unberührt bleiben durch ein unsittliches Leben und Handeln ihrer Bekenner, wenn **dieses auch als eine Verläugnung der Principien dieser Religion erscheint.** *)

Wenn demnach die Praxis des Buddhismus besser ist, als seine Theorie, so hat man über die Wahrheit oder Falschheit dieser Theorie nichts mehr zu sagen, was wir ohnehin nicht zu thun gesonnen sind.

37. Da aber Köppen auch bei dieser Gelegenheit wieder auf

---

*) Marheinele bemerkt in der Einleitung zu seiner Moraltheologie ganz richtig: „Der Heide könnte besser sein als seine Religion; für den Christen ist dieß nicht möglich."

die christliche, insbesondere die katholische Moral hindeutet, so ist es am Platz, an die christliche Lehre über Ehe und Cölibat kurz zu erinnern.

Die Lehre Buddhas hat sich aus der Brahmalehre entwickelt. In dieser ist die Ehe ein sittlich nothwendiges Verhältniß für jeden Brahmanen und das Leben des Hausvaters eine Stufe zur Vollkommenheit. Erst nach dem zweiten Drittheil seines Lebens kann sich der Brahmane oder Kschatrija in die Einsamkeit, in den Wald zurückziehen, ohne deßwegen die Ehe auflösen zu müssen.

Für Buddha erschien die Ehe als ein Verhältniß, wodurch das Uebel in der Welt erhalten wird, mithin als Etwas, das eben so gut wie Anderes abgeschafft werden sollte. Allein, — bei den im indischen Volke bestehenden Ansichten über die Sittlichkeit dieses Verhältnisses ließ sich ein allgemeines Verbot der Ehe nicht durchsetzen; — er verbietet sie also nur denen, welche den Weg zur Vollkommenheit wirklich betreten wollen.

Das Christenthum bringt die, bei den alten Völkern zum Theile vergessene Wahrheit wieder zum Bewußtsein: **die Ehe ist ein auf göttlicher Anordnung beruhendes**, für die Realisirung der Idee des Reiches Gottes nothwendiges, also **religiös sittliches Verhältniß**; sie **ist nicht bloß geduldet, auch nicht bloß erlaubt**; — aber es **ist nicht für Jeden ohne Ausnahme und unter allen Umständen Pflicht**, in ein solches Verhältniß zu treten.

Durch Christum ist jedoch nicht bloß an die göttliche Einsetzung der Ehe erinnert worden, sondern es ist auch die gottgewollte Ordnung und Heiligkeit dieses Verhältnisses wieder hergestellt worden, die durch die Sünde des Adams und ihre Folgen getrübt worden war.

Was das ehelose Leben anbelangt, das im Buddhismus **principiell der allein zu billigende und der ausschließliche Weg zur Vollendung ist**; so wird vom Standpunkte der christlichen Moral weder das Eine noch das Andere gelehrt.

Das ehelose Leben an sich kann ebenso sehr ein unsittliches, pflichtwidriges, als ein pflichtgemäßes sein. Und — der Mensch kann sowohl in als außer der Ehe ein heiliges Leben führen, wie die Zahl der Heiligen beweist, die in der Ehe gelebt haben. Das ehelose Leben ist als Mittel und Weg zur leichteren Erlangung höherer Vollkommenheit, ein Gegenstand des Rathes und bei dem Priester, ob seiner Amtspflichten, ein disciplinäres Gebot der Kirche.

Zwischen Buddhismus und Christenthum findet sich also auch in diesem Punkte keine Gleichheit oder innere Aehnlichkeit, sondern principielle Verschiedenheit.

Die Toleranz des Buddhismus.

38. Man rechnet ferner die nationelle und religiöse Toleranz zu den Verdiensten der buddhistischen Moral.

Der Buddhismus, heißt es, habe eigentlich zuerst die Schranken der Nationalität durchbrochen, allgemeine Verbrüderung der Völker gelehrt, und — religiöse Duldung geübt.

Wir wollen dieses Verdienst des Buddhismus gerne anerkennen, wie jedes andere, daß sich an ihm aufweisen läßt; denn, nach unserer Ansicht wird der christlichen Wahrheit schlecht gedient durch unbegründete Herabsetzung anderer Religionslehren.

Es ist ein wirkliches und in der That großes Verdienst Buddhas, daß er das Kastenwesen der Brahmanenlehre für die Bekenner seiner Lehre aufgehoben und daß diese auch über die Racenunterschiede und den nationellen Egoismus sie hinausführt.

Dadurch hat der Buddhismus in Indien und Mittel-Asien allerdings Erfreuliches geleistet und diese Leistung ist keine der vielen praktischen Inkonsequenzen, sondern wirklich eine Frucht seiner Principe.

Nur — darf nicht verhehlt werden, daß diese Principien dennoch unwahr sind und sich als solche auch hier durch ihre Konsequenzen selbst bezeugen. Denn, der Buddhismus hat mit diesen Principien nicht bloß die Schranken der Kasten- und Racenvorurtheile durchbrochen, er hat auch gleichzeitig die Schranke zwischen Mensch und Thier abgebrochen und dieses mit jenem auf gleiche Linie gestellt; er hat nicht bloß zur Verbrüderung der Völker geführt, sondern auch das Thier als Bruder des Menschen hingestellt; Principien nun, aus denen bei richtiger Entwickelung auch Unwahres folgt, müssen nach europäischer Logik wenigstens an sich als unwahr anerkannt werden.

Die religiöse Toleranz, die Köppen als einen charakteristischen Zug der Buddhalehre bezeichnet, kann allerdings, jedoch in einem anderen Sinne, als Köppen meint, für eine Eigenthümlichkeit des Buddhismus gelten.

Köppen sagt: (S. 461) „Dieser Zug verdient besonders hervorgehoben zu werden, weil er die Buddhalehre von allen positiven Religionen unterscheidet und sich in Sitte und Denkungsart der buddhistischen Nationen ausgeprägt hat."

„Moses hat seinen Juden befohlen, alle Götzendiener todtzuschlagen; die Brahmanen bannen und verfluchen jeden, der ihre Satzungen verwirft, als ein Scheusal, — dem Bekenner des Islam sind alle Andersgläubige ungläubige Hunde, die den Tod verdienen — und die katholische Kirche —!: Der Buddhismus allein kennt kein Vorurtheil gegen Anhänger fremder Lehrmeinungen und Kultusformen, predigt keinen Haß gegen Andersgläubige und Schismatiker." u. s. w. —

Wir kennen und verabscheuen die Greuel, mit welchen der religiöse Fanatismus manches Blatt der Geschichte gefüllt hat und es kann uns daher nicht einfallen, denselben hier zu rechtfertigen. Allein, — wäre Köppen selbst weniger fanatisch gegen alle positiven Religionen eingenommen und einer ruhigen Erwägung von Ursache und Wirkung fähig gewesen, als er sein Buch schrieb, so hätte er sich nicht zu solch' bitteren und ungerechten Aeußerungen (die wir hier nicht einmal ganz wiederzugeben uns erlauben) — hinreißen lassen und zugleich geschichtliche Thatsachen übersehen, die er hintennach nur mühsam und schlecht genug mit dieser Lobpreisung der buddhistischen Toleranz zu reimen vermag.

Köppen hätte sich vor Allem, meinen wir, fragen sollen: Warum der Buddhismus eine Toleranz übt, welche jene positiven Religionen nicht üben? Diese Frage würde ihn zu der weiteren geführt haben: **Auf welchen Voraussetzungen jeder religiöse Eifer, der berechtigte wie der unberechtigte,** beruht? Und hier hätte er bei einigem Nachdenken erkannt, daß **wirklicher**, nicht bloß geheuchelter, **religiöser Eifer eine Religion, von positivem Inhalt**, eine Religion, die das Dasein einer Gottheit lehrt — und — **die lebendige Ueberzeugung von der Wahrheit dieser Lehre voraussetzt**. Erst mit einer solchen religiösen Ueberzeugung verbindet sich die Einsicht, daß die Ausbreitung der wirklich oder vermeintlich wahren Erkenntniß der Gottheit eine Pflicht, die Verehrung, der Dienst der Gottheit eine, alle Menschen solidarisch verbindende, Aufgabe sei, deren Vernachlässigung als Sünde gegen die Wahrheit der Strafe nicht entgehen könne.

Wenn dieß die Bedingungen des religiösen Eifers, des wahren wie des irrenden überhaupt sind, — wie sollten die Bekenner der genuinen Buddhalehre zu einem solchen Eifer und mit ihm zur Nichtduldung Andersgläubiger gelangen!

Die Lehre Buddhas ist ja eigentlich gar keine Religion oder doch eine Religion ohne Gott und Götter, eine Religion von vorwiegend negativem Gehalt, wie uns Köppen belehrt hat.

Wie soll auf dieser Grundlage religiöse Begeisterung, religiöser Eifer entstehen? Wie soll der Buddhiste, der Alles für leeren Schein, für vergängliche Traumbilder hält, zum Eiferer für seine Ansicht werden?

Der Buddhismus hält überdieß, wie Köppen selbst berichtet, alle Religionen für Wege zu demselben Ziel; — er ist religiöser Indifferentismus, — wie soll dieser intolerant sein?

Die religiöse Toleranz des alten Buddhismus ist nach unserer Ansicht ein Zeugniß seiner geistigen Verkommenheit und so wenig ein Vorzug desselben vor anderen positiven Religionen, als es ein Vorzug des physisch schwer Kranken ist, daß er nicht nach Speise und Trank verlangt, wie ein physisch Kräftiger.

Unterdessen steht es um die gepriesene Toleranz des Buddhismus nicht ganz so, wie hier Köppen uns einzureden sucht.

Schon bei der ersten Versammlung der Schüler Buddhas, in welcher die Lehre desselben festgestellt werden soll, wird Ananda, der Leibdiener Buddhas, der einzige und verläßliche Bewahrer der Aussprüche seines Herrn, excommunicirt, weil seine Referate nicht zu den Theorien stimmen, welche sich in den spekulativen Köpfen der Andern bereits ausgesponnen hatten.

Köppen selbst kann den Religionskrieg zwischen den Gelb- und Rothmützen in Thibet nicht unerwähnt lassen, wodurch die Letzteren auszuwandern genöthigt wurden und die christliche Kirche weiß von der religiösen Toleranz der Buddhisten zu erzählen, der sie Tausende von Märtyrern verdankt.

Der Buddhismus hat frühzeitig und in dem Maße die religiöse Indolenz verloren, welche ihn tolerant machte, in welchem er den Inhalt seiner Religion mit den Dogmen der Brahmalehre und dem Göttergewimmel der indischen Volksreligion wieder ergänzte und nun einen Adda-Buddha an die Stelle Brahmas setzte oder den Buddha und seine Schüler als Gottheiten zu verehren begann. Wo dieß geschah, hatte er die Bedingungen eines religiösen Eifers wieder gewonnen und diesen bethätigt er von da an durch Missionsanstalten ebenso, wie durch Verfolgung aller Andersgläubigen.

Die Lehre von der Hölle.

39. Die Milde und Toleranz der ursprünglichen Lehre Buddhas wird nicht bloß von Köppen gepriesen, sondern auch von andern Auktoritäten, und wir haben im Obigen gesehen, daß ihr dieses Lob in einem gewissen Sinne nicht streitig gemacht werden kann. Allgemeine Theilnahme, werkthätiges Mitleid mit allen athmenden Wesen, unbeschränkte Duldung jeder Beleidigung, gleiche Duldung aller religiösen Bekenntnisse, sind, wenn sie auch nicht immer vom Buddhismus geübt werden, doch richtige Folgerungen aus Buddhas Welt- und Lebensanschauung. Freilich ist diese Milde und Sanftmuth, wie Köppen selbst gesteht, pietistisch, quietistisch, d. h. sie beruht auf einem unwahren Grunde, sie ist naturwidrig.

Dennoch hat diese Milde dem Buddhismus die Herzen der Völker gewonnen und ihre Sitten gesänftigt, versichert uns Köppen und wir wollen ihm nicht widersprechen. Allein, er selbst stellt nun diese Milde des Buddhismus und dessen sittenbildende Kraft in ein zweifelhaftes Licht durch seinen Bericht über die buddhistische Lehre von der Hölle. *)

Schon oben wurde in dem dogmatischen Theile der Buddhalehre des guten und bösen Weges erwähnt, den der Mensch einschlagen kann. Der erste führt ihn zu einer Wiedergeburt in einem vollkommeneren Zustande in der Menschenwelt oder im Götterhimmel. Der zweite führt ihn zu einer Wiedergeburt in einem schlimmern Zustand, von dem bald 4, bald 6 oder noch mehr Klassen unterschieden werden. Die schlimmste Wiedergeburt ist die als Höllenwesen.

Diese Lehre ist im Wesentlichen nicht neu, sondern von dem Brahmanenthum angenommen und nur noch phantastischer ausgeführt. Sie ist übrigens von dem Dogma der Seelenwanderung überhaupt nicht zu trennen.

Was nun diese Hölle anbelangt, so haben die Buddhisten ursprünglich dieselbe mit 8 Abtheilungen von der Brahmalehre entlehnt, selbe aber später noch mit vielen Nebenabtheilungen und insbesondere mit den kalten Höllen vermehrt.

Buddha soll gesagt haben: „Hunderttausend Jahre reichen nicht aus, um alle Qualen der Hölle zu beschreiben." — Sie liegen alle unter der Erde; die schlimmsten, am tiefsten und die Zwischenräume der heißen werden von den kalten ausgefüllt.

„In der ersten, gelindesten werden die Verdammten mit Messern und Schwertern zerschnitten, in der folgenden zersägt, in der dritten zwischen Mühlsteinen und Felsen zermalmt, in den übrigen fünf unter verschiedenen Variationen und stufenweiser Steigerung der Qualen an einfachem und doppeltem Feuer, in Kesseln, Glutöfen, an Haken, Spießen u. dgl. gebraten, gebacken, geröstet. Die Martern dauern zwar auf gut indisch lange genug, um gründlichst durchgepeinigt zu werden, in der obersten, leichtesten, 500 Jahre, von denen jeder Tag 50 gewöhnliche Menschenjahre umfaßt; — doch sie dauern nicht ewig. Ist die Strafe überstanden, so beginnt die Wanderung der Seele wieder nach aufwärts."

„Die Höllen gleichen daher mehr dem Purgatorio als dem

---

*) S. 238 u. f. f.

Inferno; denn es bleibt dem Sünder die Hoffnung, — ein Beweis, daß die budd͡histische Hierarchie der ältesten Zeit weniger fanatisch und grausam war, als die abendländische."

„Der budd͡histische Klerus scheint jedoch nach und nach zu der Einsicht gekommen zu sein, daß die Zweifler, die Verächter der Kirche und des Priesterthums die ärgsten und gefährlichsten aller Sünder für die herkömmlichen Höllen zu schlecht seien."

Sie erdachten daher die kalten Höllen, deren Beschreibung man uns aber schenken mag. „Für diese Sünder, Zweifler und Ketzer allein dauert die Pein ewig, ewig — ganz im Widerspruch mit dem Grundgedanken der budd͡histischen Weltanschauung."

Die zweite Klasse der verworfenen Naturen sind die Prêtas, Ungeheuer, die von Hunger und Durst geplagt werden, „die das Wort Wasser nur in 100000 Jahren einmal hören."

Nach unserer Ansicht wäre der Zustand in dieser Strafklasse von dem in der eigentlichen Hölle nicht bedeutend verschieden.

Erst die dritte Klasse nach aufwärts bilden die vernunftlosen Thiere; — die vierte aber die Dämonen, Asuras.

40. Dieses hier nur kurz angedeutete budd͡histische System der Strafen kann wohl schwerlich für die Milde der Buddhalehre und für die budd͡histische Duldung als ein glänzendes Zeugniß gelten. Trüge der Buddhismus den Geist echter Milde und Duldung in sich, so würde er sich nicht in der Erdichtung solcher Qualen gefallen, zu der allerdings eine indische Phantasie erfordert wird.

Aber auch ein anderer Punkt wird durch diese Lehre beleuchtet: nämlich der Weg, auf dem der Buddhismus die rohen Völker Asiens gezähmt hat. Wahrlich, es war nicht sowohl die pietistische Milde und Duldung, als vielmehr der Schrecken vor der Wiedergeburt zu solch gräßlichen Daseinswesen, wie die oben geschilderten. *)

---

*) „In keiner Materie ist die Fabellehre der Lamen so ausführlich und erfinderisch, als in der Beschreibung der Höllen u. s. w. Diesen Zaum des Aberglaubens scheinen die thibetanischen und mongolischen Lamen auch jetzt

Wir lernen also hier das Verdienst des Buddhismus um die Sittlichkeit und Civilisation dieser Völker erst nach seinem wahren Werthe schätzen.

Daß der Eifer Köppens gegen jede Hierarchie und das, was er Pfaffenthum nennt, bei der Lehre von der Hölle Gelegenheit hat, sich zu bethätigen, versteht sich. Unterdessen kommt dießmal, doch nur scheinbar, die katholische Kirche leichter weg, als der Protestantismus. K. entschuldigt nämlich den buddhistischen Klerus über diese gräuliche Höllentheorie damit, daß ihm kein anderes „Liebesmittel der Zucht" gegenüber den Laien zu Gebote stand. „Hat doch" sagt er „aus gleichem Grunde das Dogma von den ewigen Höllenstrafen in der protestantischen Kirche eine größere Rolle gespielt, als in der katholischen; da die letztere einen Ueberfluß an reellen Strafmitteln und z. B. in der Inquisition eine wirkliche, sehr fühlbare, nicht bloß imaginäre Hölle besaß, welche der ersteren fehlte."

Also hier abermals der, in einer Polemik gegen die katholische Kirche, nie fehlende Vorwurf der Inquisition! Da die neuere Geschichtsforschung die Widerlegung desselben bereits genügend gegeben hat, so wollen wir hier darauf nicht eingehen.

Leidenschaftlicher Eifer lähmt jedoch, wie bekannt, die Verstandsthätigkeit und so kommt Köppen zu der obigen Aeußerung: „Die Zeitlichkeit der buddhistischen Höllenstrafen sei ein Beweis, daß die buddhistische Hierarchie der ältesten Zeit weniger fanatisch und grausam war, als die abendländische."

Unglücklicher Weise muß Köppen alsbald wieder referiren, daß der nach seiner Darstellung absolut und allein tolerante Buddhismus dennoch zur Annahme ewiger Höllenpein sich habe bewegen lassen und zwar gerade nur ob der Zweifler und Ketzer und im offenen Widerspruch gegen das Grunddogma Buddhas.

Nach christlicher Lehre ist das Ziel des Lebens der geistigen Geschöpfe, das Sein und Bleiben dessen, was sie in der Zeit durch ihr freies Wollen geworden sind und zwar im Einklang oder

---

noch immer aufzuziehen und ihren Laien empfindlicher zu machen." x. schreibt Pollas II. 53 und Köppen führt diese Aeußerung selbst an.

Widerspruch mit Gottes Willen; — für sie gibt es also konsequenter Weise ein ewiges, seliges oder unseliges Leben der Geschöpfe. Der Lehre Buddhas ist Alles vergänglich, ins Leere zurücksinkend. Wie sollte diese Lehre die Ewigkeit eines Straflebens behaupten, da sie die Ewigkeit des Lebens überhaupt läugnet? Vernünftiger Weise zu denken, kommt es hier nur darauf an, ob die christliche Lehre, aus der die Endlosigkeit der Strafe, oder die buddhistische, aus der die Zeitlichkeit derselben folgt, wahr sei. Diese Wahrheit allein kann als ein Vorzug der Einen oder Anderen gelten.

Die Askese.

41. Hinsichtlich der buddhistischen Askese können wir uns hier am Schluße unserer Besprechung der doktrinellen Seite des Buddhismus kurz fassen, da Köppen in Betreff ihrer keinen Vergleich mit dem Christenthum anstellt und wir also auch hier keine Veranlassung haben, auf einen solchen näher einzugehen. Nebenbei bemerkt, könnte aber ein solcher Vergleich in mehrfacher Beziehung lehrreich sein für den, welcher die Mühe nicht scheut, ihn gründlich anzustellen.

Der Buddhismus hat die Askese, wie schon gesagt, von dem Brahmaismus angenommen mit den seiner Dogmatik entsprechenden Abänderungen. Das Ziel der Askese bei jenem ist einerseits Buße, Reinigung und Läuterung und dadurch ungehemmt Entfaltung des Göttlichen im Menschen, Einigung mit dem göttlichen Urwesen. Diese Askese ist also mit Selbstpeinigungen verbunden, die Buddha seinem Principe gemäß verwirft, welches nicht Vermehrung des Leidens, sondern unmittelbare Befreiung von allen Leiden verlangt.

Im Widerspruch aber mit der buddhistischen Dogmatik steht es, wenn die höheren Stufen der Askese auch hier wie beim Brahmaismus zur Steigerung der Intelligenz und Willenskraft bis zur göttlichen Allwissenheit und Allmacht führen sollen. Schon in der brahmanischen Askese erscheint es nach occidentalischer Logik als einigermaßen schwer denkbar, daß die endliche Persönlichkeit in dem Maße, als sie in der göttlichen auf- oder untergegangen, — auch an Intelligenz und Macht gewinnt, und mit solcher, als annoch selbstständige endliche Persönlichkeit Wunder wirkt aus eigener Macht. Die buddhistische Askese potenzirt diese Schwierigkeit. Diese Askese hat zu ihrem Ziele das successive Vermindern, Auflösen, Auslöschen der Lebensenergie bis zur Verflüchtigung derselben in das Nirvana.

Daß ein solcher Abschwächungs- und Auflösungsproceß, wenn er nahe sein Ziel erreicht hat, zum Resultate die Entfaltung einer absoluten Erkenntniß und Willenskraft haben könne, erscheint für uns wenigstens entschieden widersinnig.

Die **principielle Verschiedenheit der christlichen Askese und ihrer Erfolge** von der Askese des Brahmaismus und Buddhismus leuchtet aus dem Angeführten ohne Schwierigkeit ein. Die christliche Askese strebt weder nach Entfaltung eines göttlichen Elementes im Menschen und nach Verschmelzung desselben mit der Gottheit, noch nach Vernichtung des Lebensprincipes. Nur die Askese des falschen Mysticismus einiger Sekten, der auf pantheistischen Theorien beruht, kann mit der Askese des Brahmaismus, weniger richtig mit der, des Buddhismus verglichen werden.

42. Blicken wir von hier aus nochmals auf die Ergebnisse der über Buddhas Lehre angestellten Erörterung zurück.

Was dermalen als ursprüngliche Lehre Buddhas angesehen wird, ist **weder ein homogenes Ganze, noch ein in sich einstimmiges System.**

Wir können aus dem Angeführten nunmehr mit Sicherheit **drei verschiedene Elemente** dieser Lehre aufzeigen: ein verkümmerter und entstellter Ueberrest der alten, indischen Volksreligion, — Fragmente brahmanischer Schulweisheit — und endlich ein Versuch zu einer spekulativen Auffassung der Welt und des Lebens, der zugleich die anderen zwei Elemente sich zu assimiliren bemüht ist, ohne dieses Ziel doch erreichen zu können.

Dieses spekulative Element ist das für die Lehre Buddhas charakteristische. In Bezug auf dieses gilt es vorzugsweise, wenn man den Buddhismus als die letzte Konsequenz der brahmanischen spekulativen Theologie oder Philosophie bezeichnet. Der

Pantheismus ist in seiner konsequenten Weiterbildung mehrmal zu ähnlichen Resultaten gelangt, wie die Geschichte lehrt; nämlich zu einem Begriff des Weltsubstrates, der dem Begriff der Nirvana ganz oder nahe gleichkommt.

Ob sich Buddha dieses Substrat der Welt als schlechthinnige Leerheit gedacht hat, oder (gleich dem spätern Neu=Platonismus) nur als die Potenz, die zeitweilig zur Aktualität sich erhebt und wieder zur bloßen Potenzialität zurücksinkt, — oder aber (mit Hegel) als das Absolute in seinem Ansichsein, welches alle Gegensätze des konkreten Daseins schon in sich trägt, ohne doch ein solches selbst zu sein, also in diesem Sinne gleich dem Nichts ist; — darüber mag man streiten. Bunsen neigt sich, wie schon gesagt, zu letzterer Ansicht. Für die zweite Annahme spricht die obenerwähnte älteste Schule des Buddha. Viele historisch hinreichend verbürgte Aeußerungen Buddhas selbst aber nöthigen zur ersten Annahme, welche Köppen darum auch mit Recht in seiner Darstellung der Buddhalehre festgehalten. *)

In jedem der obigen Fälle aber steht das spekulative Element als unversöhnbar mit den praktischen Lehrsätzen Buddhas da, und das Ganze ist und bleibt ein **wiederspruchvolles Gemenge heterogener Bestandtheile.**

Dieses Urtheil ergibt sich uns vom **objektiv=wissenschaftlichen** Standpunkte über die Buddhalehre.

Soll diese nun aber mit der **Lehre Christi in Vergleich** gebracht werden, so hat eine eingehende Analyse gezeigt, worauf sich

---

*) Wir fügen hier eine Stelle aus A. Schopenhauers soeben erschienenem Nachlaß bei. „Buddha, Eckhart und ich, lehren im Wesentlichen das Selbe; Eckhardt in den Fesseln seiner christlichen Mythologie. Im Buddhismus liegen dieselben Gedanken unverkümmert durch solche Mythologie, daher einfach und klar, so weit eine Religion klar sein kann. Bei mir ist volle Klarheit." S. 482.

Wir wollen der bekannten Bescheidenheit Schopenhauers nicht zu nahe treten, geben auch die Aehnlichkeit seiner Weltauffassung mit jener Buddhas zu, darum aber noch nicht die Identität beider. Nahezu identisch dürfte Sch. spekulative Ansicht mit jener der ältesten Schule Buddhas sein.

die angebliche Verwandtschaft, Gleichheit oder Aehnlichkeit reducirt.

Ist das Christenthum die Eine wahre Religion aller Zeiten, — ist durch Christum, die am Beginn der Geschichte geoffenbarte religiös-sittliche Wahrheit ins Bewußtsein der Menschheit zurückgeführt, ist die natürliche Offenbarung der religiös-sittlichen Wahrheit im Gewissen des Menschen durch ihn bestätigt und vollendet worden; — so erklärt sich wohl, die Verwandtschaft der christlichen Lehre mit manchen Lehrsätzen der heidnischen Religionen also auch mit der Buddhalehre, insofern sie ein traditionelles oder natürliches, religiöses und sittliches Element enthält, — vorausgesetzt, daß alle heidnischen Volksreligionen aus einer Urreligion der Menschheit sich entwickelt haben. Dieses, was die heidnischen Religionen mit dem Christenthum gemeinsam haben, ist das Christliche am Heidenthum.

In der Buddhalehre ist dieser Antheil an der allgemeinen religiösen und sittlichen Wahrheit geringer als in vielen andern heidnischen Volksreligionen und er steht überdieß, wie gezeigt worden, mit den spekulativen Grundlehren Buddhas im unversöhnbaren Widerstreit.

Wenn man bei solchem Sachverhalte dennoch den Buddhismus nicht bloß neben die Lehre Christi, sondern über sie stellen will und für Çakjamuni schwärmt; so ist es schwer, für eine solche Werthschätzung die angemessene und doch nicht anstandswidrige Bezeichnung zu finden.

Merkwürdig ist dieses Resultat unserer modernen wissenschaftlichen Bildung jedenfalls. Die christliche Parabel vom verlorenen Sohne erzählt, daß dieser, als er im Walde mit seinen borstigen Schützlingen die Kost theilen mußte, des Hauses seines Vaters mit Wehmuth gedachte und des besseren Geschickes der Knechte desselben. Dieß scheint uns natürlich.

Unsere Parabel erzählt jedoch nicht, daß derselbe Sohn, als er dann am Tische seines Vaters saß, seine früheren Zustände gelobt und sich zu der Eichelkost seiner Heerde zurückgesehnt habe. Es wäre dieß auch unvernünftig gewesen, wenn schon nicht unmöglich; wie der oben erwähnte Enthusiasmus für die Buddhalehre beweist.

III. Die Kirche und der Kultus des Buddhismus.

a. Die Kirche, die Geistlichkeit, die Klöster.

43. Wenn man unter Kirche überhaupt sich bloß eine Gesellschaft von Menschen zur gemeinsamen Ausübung ihrer Religion denkt, so wird man von **einer buddhistischen Kirche** nur in so weit sprechen können, als man von einer buddhistischen Religion zu sprechen berechtigt ist und man wird dann in der Gegenwart mehrere buddhistische Kirchen unterscheiden müssen. Köppen selbst hebt den Unterschied zwischen dem **südlichen und nördlichen**, zwischen dem **ältern und spätern** Buddhismus bei den einzelnen Dogmen hervor. Eine und dieselbe Religion kann nicht Atheismus, Polytheismus, Theismus zugleich sein; der Buddhismus aber findet sich dermalen als das Eine wie als das Andere in Wirklichkeit. Der Name Buddhismus ist mehreren, principiell verschiedenen, Religionen gemeinsam. Zu Einer buddhistischen Kirche mangelt es darum an einer dogmatischen Einheit als Grundlage.*)

Köppen beachtet jedoch nicht das **Wesen** der Kirche, sondern nur die **Personen**, welche sie umschließt und demnach unterscheidet er einerseits „die Kirche als Priesterthum, Stand, geschlossenen Körper, Hierarchie," also — die lehrende Kirche; andererseits „die Gemeinschaft des Klerus und der Laien."**)

---

*) Diejenigen, welchen die 300 Millionen Anhänger des Buddhismus gegenüber den 200 Millionen Christen Bedenken erregen, können aus Obigem Beruhigung schöpfen. Übrigens kann wohl über die Wahrheit einer Lehre nicht nach der Zahl ihrer Bekenner geurtheilt werden; — und nirgend ward der Kirche Christi die Verheißung, daß sie einmal wirklich alle gleichzeitig lebenden Menschen oder auch nur die Mehrzahl derselben umfassen wird, obwohl sie für Alle gegründet ist.

**) S. 486.

Und hier findet er einen Unterschied von „welt=
geschichtlicher Bedeutung" zwischen dem Buddhismus
dem Christenthum, den er wiederholt und mit Nachdruck betont.

„Die christliche Gemeinde kannte ursprünglich keinen Stand
von Geistlichen, die buddhistische Gemeinde bestand ursprünglich
nur aus diesen. Dort bildete sich der Klerus erst aus dem Laien=
thum heraus und war eine Folge der Weiterentwickelung und Aus=
breitung des Gemeindelebens; hier war dasselbe so wohl der Zeit
als der Idee nach das Erste, der Kern, um den sich die weltliche
Glaubensbrüderschaft als Schale und Gehäuse herumlegte. Es
ist dieß der Grund, aus welchem die Geistlichkeit in der buddhisti=
schen Kirche sogleich der Laienschaft gegenüber eine viel erhabenere
Stellung einnahm, als in der christlichen, da in dieser — die
Bischöfe, Presbyter und Diakonen als gewählte Gemeindebeamten
nur primi inter pares waren."

Diese Behauptung scheint räthselhaft.

Zunächst, wie kommt der Buddhismus zu einem Priesterthum,
nachdem Buddha, wie uns berichtet wird, Opfer, Altar, Gebet,
Gott und Götter von der Brahmalehre weggestrichen und nur
die Seelenwanderung beibehalten; — was soll da noch das Amt
eines Priesters zu bedeuten haben?

Ein anders Unbegreifliche liegt für den, der die christlichen
Evangelien und die Apostelgeschichte ohne jedes Vorurtheil liest,
in der Läugnung des von Christus eingesetzten Apostolates.

Wir haben hier jedoch nicht nöthig, auf eine Polemik über
das Priesterthum des neuen Bundes und seine göttliche Einsetzung
einzugehen; — das Räthsel in der Behauptung Köppens löst er
selbst, wenn er uns weiter belehrt, wie folgt:

„Denken wir uns die katholische Christenheit ohne Bischöfe
und Weltpriester dergestalt, daß die priesterlichen Amtshand=
lungen sämmtlich von Mönchen vollzogen würden und die Aebte
der größeren Klöster das bischöfliche Aufsichtsrecht über die geist=
lichen Väter, — doch nicht über die Laien ausübten, — und
wir haben in den allgemeinsten Zügen ein Bild von

der Einrichtung und Verfassung der buddhistischen Kirche." *)

Demnach verhält sich die Sache also:

Köppen nimmt zeitweilig den Begriff des Priesters mit dem des Geistlichen für identisch und diesen mit dem des Mönches. Nach der allgemein gebräuchlichen Bestimmung dieser Begriffe, sind sie jedoch verschieden. Der Priester ist als solcher zwar ein Geistlicher, aber nicht nothwendig ein Mönch; der Mönch ist als solcher auch ein Geistlicher, aber nicht auch schon ein Priester. Die erste christliche Gemeinde hatte zwar Priester aber noch keine Mönche. Die erste buddhistische Gemeinde bestand nur aus Mönchen, Priester aber kennt der Buddhismus nicht, weil es für solche, wenigstens in der ältesten Zeit, kein Amt gab. Für ihn gab es ebenso wenig ein besonderes als ein allgemeines, sondern eben gar kein Priesterthum. *)

Der Buddhismus kennt ursprünglich nur Anachoreten, die einzeln im Walde und vom Bettel leben, in Nachahmung der brahmanischen Asketen. Eine Verbindung dieser Anachoreten zu einem geselligen Leben unter einem Vorsteher, kommt erst später vor und zwar auch anfänglich nur für die rauhere Jahreszeit. Erst allmältg bildeten sich große, wohlhabende und einflußreiche Associationen dieser Asketen, deren Organisation in formeller Hinsicht mit jener von christlichen Mönchsklöstern verglichen zu werden pflegt.

Diese geistlichen Societäten stehen aber unter sich in keiner näheren Verbindung und noch weniger besitzen sie eine kirchliche Macht über die Laien. Diese sind allerdings vielfach ihrer

---

*) S. 488.
**) „Die Geistlichen sind durchaus nicht Priester, — es ist da nichts zu vermitteln zwischen dem Menschen und einer Gottheit, — sie sind eben nur fromme Buddhisten, die ihrer Idee gemäß leben, sie haben für die Laien nichts zu schaffen, jeder hat es nur mit sich selbst zu thun. Die Zahl der Geistlichen ist sehr groß, weil sie ja das eigentliche Buddhavolk sind; nicht die priesterlichen Leiter eines ihrer Führung übergebenen Volkes. So Wuttke 2. B. S. 858.

Diener, ihre Knechte oder Leibeignen, da jene Societäten Eigenthümer großer Länderstrecken sind; allein in religiöser Beziehung ihnen keineswegs unterworfen.*)

Es besitzt der Buddhismus also weder ein Priesterthum, noch ist er ein kirchlicher Organismus im christlichen Sinne, und er kann konsequenter Weise an derlei nicht denken.

Der Buddhismus ist, wenn man will, eine Religion, eine Kirche, aber ohne Priesterthum; er ist eine Kirche, deren Glieder in wirkliche Asketen und Aspiranten des Asketenstandes zerfallen. — Denn, die Laien haben die Hoffnung, bei einem günstigen Verlaufe ihres jetzigen Lebens in einem neuen Leben zum geistlichen Stande zu gelangen, wo sie dann die höheren Stufen der Vollkommenheit erreichen können.

44. Die äußerliche Aehnlichkeit in der Organisation männlicher und weiblicher Klöster der Buddhisten mit jener der christlichen Klöster hat vielfach Verwunderung und Anstoß erregt, aber wahrlich ohne Grund.**)

---

*) Die neuesten Reiseberichte der Brüder Schlagintweit bestätigen dieß.

**) Das Christenthum hat, nach den neuesten Forschungen, wahrscheinlich schon seit dem ersten Jahrhundert Einfluß auf Indien genommen. Die Sage berichtet, daß die Apostel Thomas und Bartholomäus in Indien das Evangelium geprediget haben.

Wir wollen auf diese Sage nicht weiter eingehen und hier ebensowenig auf den zweifellosen Antheil, welchen die Bekanntschaft mit dem Christenthum an der Aehnlichkeit des späteren buddhistischen Kultus- und Klosterwesens mit dem christlichen hatte. Davis erzählt: „Gerbillon, ein katholischer Missionär, befragte einen gut unterrichteten Mongolen über die Zeit, wann seine Landsleute angefangen hätten, sich dem thibetanischen Lama unterzuordnen. Die Antwort war, daß die ersten Priester zur Zeit Kublei-Kahns in die mongolische Tartarei kamen, daß diese aber wirklich, den jetzigen unähnlich, Personen von heiligem und vorwurfsfreiem Leben waren. Gerbillon vermuthet, daß sie vielleicht syrische oder armenische Christen gewesen, und daß, als die Verbindung mit diesen Ländern später durch die Zerstückelung des mongolischen Reiches aufgehoben wurde, die buddhistischen Priester ihre abergläubischen Gebräuche mit den katholischen Vorschriften vermischten."

Auf ähnlichen Wegen scheinen die chinesischen Buddhisten zur Verehrung einer Himmelskönigin, Tien-han, gekommen zu sein, die

Gibt man zu, daß die objektiven physischen und geistigen Bedürfnisse aller Menschen wesentlich dieselben sind und deren Befriedigung auch im Allgemeinen unter denselben Bedingungen steht, hat man darum keinen Grund, sich zu verwundern, wenn die Bewohner Asiens in gleicher Weise Hunger und Durst empfinden und in ähnlicher Weise diese Bedürfnisse befriedigen als jene Europa's; so hat man keinen Grund, sich darüber zu wundern, daß auch bei nichtchristlichen Völkern das Anachoreten-Leben und klosterähnliche Associationen von Asketen vorkommen. Das religiöse und moralische Bedürfniß der Menschen ist überall und zu allen Zeiten dasselbe und darum erzeugt es auch, wo es rege ist, ähnliche Lebensformen.

Diese sogenannten buddhistischen Klöster und ihre äußere Aehnlichkeit mit den christlichen wären also bei näherer Erwägung kein Gegenstand des Anstoßes, wenn wir auch absehen wollen von der Frage: ob sie nicht bloße Nachahmungen christlicher Lebensformen sind. Wir können eine solche Aehnlichkeit ohne Bedenken uns gefallen lassen, wenn wir uns nur jederzeit bewußt bleiben, daß zwischen der buddhistischen Askese und der christlichen, trotz dieser äußerlichen Aehnlichkeit eine durchgängige, innere, principielle Verschiedenheit stattfindet. Der Ausgangspunkt, der Weg, die Mittel, das Ziel sind in beiden wesentlich verschieden, wie wir oben angedeutet haben.

Das buddhistische Klosterwesen findet sich übrigens nicht überall und nur in Thibet hat es erst später jene Form und Ausbildung erlangt, welche das Staunen selbst der christlichen Missionäre erregte,*) und für die Gegner des Christenthums gewöhnlich zum Anhaltspunkt von Vergleichungen dient, die mehr ihre gehässige Absicht, als ihre Sachkenntniß bezeugen.

---

weder dem Kultus der alten Reichsreligion, noch dem Buddha's entspricht. (S. John Francis Davis, Gouverneur von Hong-Kong, „China und die Chinesen," übersetzt von Dengulin. 14. Kap.)

*) Gerade hier aber läßt sich der Einfluß christlicher Missionäre aus Vorderasien mit Sicherheit behaupten, von denen die Lamas nicht bloß die Kleider, sondern auch die äußere Form des öffentlichen Gottesdienstes nachahmten, weil dieß ihrem Einfluß auf das Volk dienlich schien.

So muß denn z. B. der Dalei-Lama ein Mensch gewordener Gott sein und der summus pontifex des Buddhismus, der auf ein Haar dem römischen Papst gleicht, welcher ja auch göttlich verehrt wird, und was dergleichen Abgeschmacktheiten mehr vorgebracht werden.

Das Komische ist dabei nur, daß der orthodoxe Buddhismus überhaupt keinen Gott kennt und keine Priester, also natürlich auch keinen Mensch gewordenen Gott und keinen obersten Priester; — wie wir bereits bemerkt haben. Der Dalei-Lama gilt als ein Bodhisatva, d. h. als ein Mensch, der das letzte Stadium erreicht hat, welches der Buddha-Würde vorausgeht. Legt er dieses glücklich zurück, so wird er vielleicht ein Buddha, der als solcher dann zu jeder Stunde in das Nirvana eingehen kann.

45. Das Verhältniß der buddhistischen Geistlichkeit zu den Laien ist in verschiedenen Ländern verschieden; ihr Einfluß bald größer, bald geringer, ihre Herrschaft aber nirgend eine gesetzlich festgestellte. Dieß ergibt sich aus der Dogmatik des Buddhismus von selbst. Von einer H i e r a r c h i e kann also eigentlich auch hier nicht gesprochen werden. Unterdessen ist die Macht, welche der buddhistische Klerus in manchen Ländern erlangt hat, so groß, daß man wohl nach ihrer Quelle zu fragen Ursache hat. Köppen gibt uns einen Aufschluß darüber.*) Çakjamuni hat Gott und Götter, Priester, Kultus ꝛc. beseitigt, aber die Seelenwanderung beibehalten und diese Lehre in einer Weise ausgebildet, daß sie allerdings ein weit wirksameres Mittel war, die wilden Völker zu bändigen und der Herrschaft der Geistlichen zu unterwerfen, als die Lehre von Himmel und Hölle in anderen Religionen. Glück und Unglück im gegenwärtigen Leben ist die reif gewordene Frucht guter und böser Handlungen in früheren Existenzen.

Den Zusammenhang dieser mit jenen, die Verkettung der Ursachen und Wirkungen durchschaut eigentlich erst der zur Buddha-Würde gelangte Askete; unterdessen rühmen sich bald die buddhistischen Geistlichen auch auf den niederen Stufen der Vollkommen-

---

*) S. 189 u. f. f.

heit dieser Erkenntniß und geben den Laien Aufschluß über die Ursache ihres Geschickes durch ganz bestimmte Schilderung von Handlungen, welche diese in früheren Existenzen verübt haben sollen, an die sie sich natürlich nicht erinnern, deren Früchte sie aber nun ernten. *)

Der christliche Geistliche dagegen kann in solchen Fällen nur auf den unerforschlichen Rathschluß der Vorsehung verweisen.

Der buddhistische Geistliche beherrscht also nicht bloß die Zukunft des Laien, indem er allein den rechten Weg und die Mittel zur Befreiung ihm anzugeben vermag, sondern auch die Gegenwart durch seine Kenntniß von der Vergangenheit.

Die Beseitigung des Kastenwesens, die Anerkennung der wesentlichen Gleichheit aller Menschen, die Verbrüderung aller Völker wird, wie wir gesehen haben, als das größte Verdienst der Buddhalehre gepriesen, und — nicht ohne Grund. Hier, bei dem Verhältniß der Geistlichkeit zu den Laien wird es jedoch klar, daß jene Verschiedenheit nicht mit der Wurzel ausgetilgt sei.

Auch nach der Lehre der Brahmanen konnte der, einer niederen Kaste Angehörige, bei seiner nächsten Wiedergeburt in eine höhere gelangen, in Folge seines Verdienstes, seiner Vervollkommnung. Der Kastenunterschied war also wohl für dieses Leben, aber nicht für alle Zukunft feststehend. Diese Verschiedenheit besteht, genau besehen, auch im Buddhismus. Der Geistliche wie der Laie verdanken ihre jetzige Stellung ihrem früheren Leben, sie sind an sich verschiedenen Kasten angehörig, der Geistliche ist an sich der höhere, vollkommenere Mensch, der Laie der niedere, minder vollkommene, welcher erst durch einen oder mehrere Lebensläufe zu der Vollkommenheit eines Geistlichen sich erheben kann.

---

*) Als die Jünger Jesu fragen: Ob der Blindgeborne für seine eigenen oder seiner Aeltern Sünden Strafe leide, verneint Jesus beides. Buddha, meint Köppen, hat bei solchen Fragen, die hundertmal an ihn gestellt werden, sogleich eine Geschichte aus dem früheren Leben des Betroffenen zur Hand welche sein jetziges Geschick genau erklärt.

b. Der Kultus.

46. „**Das reine Buddhathum hat schlechterdings keinen Kultus.** Çakjamuni hat einen solchen nicht eingerichtet, keine Opfer, Ceremonien, Gebete irgend einer Art angeordnet. Er hat vielmehr mit den Veden und den qualvollen Bußen der Brahmanen zugleich ihren ganzen Kultus verworfen. Er hat — die Religion — auf die Disciplin und Moral zurückgeführt.*) — Dennoch konnte auch der Buddhismus dem Kultus nicht entgehen, sobald er anfing in die Massen einzubringen."

Der Kultus ist im Buddhismus eine Inkonsequenz, das leuchtet, wie Köppen richtig bemerkt, aus seiner Dogmatik ein. Wie sollte aber eine Religion, die weder Gott noch Götter kennt, doch zu einem Kultus kommen?

„**Sie setzt an die Stelle der Gottesverehrung einen Kultus der Heiligen,** — dieser aber erscheint, wie im Katholicismus, in zweifacher Form, als **Bilder und Reliquiendienst**."

Wir haben also abermals eine Parallele zwischen Buddhismus und Katholicismus vor uns. Der Buddhismus, der keinen Gott hat, hat doch Heilige, und in diesen ein Objekt für einen religiösen Kultus. Auch der Katholicismus hat Heilige und verehrt sie, folglich — gleicht der Buddhismus in diesem Punkte wieder dem Katholicismus.

Dagegen bemerken wir nur: für den Katholicismus wäre eine Heiligenverehrung ohne eine Gottesverehrung eine Absurdität. Gäbe es für ihn keinen Gott, so gäbe es für ihn auch keine Heiligen und überhaupt nichts, was noch verehrungswürdig wäre.

Für das Buddhathum verhält es sich eigentlich ebenso. Die Annahme von Heiligen und ihre Verehrung, ohne einen Gott, ist eine seiner vielen Inkonsequenzen.

Zwar hält Köppen es für noch unentschieden, ob nicht doch eine Moral ohne Gott denkbar sei; aber soviel ist gewiß, daß eine moralische Zurechnung ohne Willensfreiheit undenkbar ist. Der spekula

---

*) S. 91—92.

tiven Seite des Buddhismus nach gibt es keine Willensfreiheit; Alles entsteht und vergeht in Folge innerer Nothwendigkeit. Die Annahme einer moralischen Ordnung in diesem Geschehen und mit ihr auch einer Freiheit des menschlichen Willens steht mit jener Nothwendigkeit im Widerspruch. Auf diesem Widerspruch steht die Annahme von Heiligen und ihre Verehrung.

Wenn demnach der Katholicismus Heilige verehrt, so thut er dieß im Einklange mit seiner Dogmatik und Moral; — wenn der Buddhismus einen Heiligenkultus hat, so hat er ihn in Folge des Widerspruches in seiner Grundlage.

So steht es von Vorneherein um die **Gleichheit** des Buddhismus und Katholicismus in Betreff des Kultus von Heiligen.

α. Die Objekte des buddhistischen Kultus.

47. Wenden wir uns nach dieser allgemeinen Bemerkung nun an die **Einzelnheiten** des buddhistischen Kultus. *)

Gegenstand dieses Kultus ist vor allen selbstverständlich Çakjamuni, der Allerherrlichst-Vollendete, seine heilig erachteten Schüler und andere Geistliche, welche zu einer höheren Stufe der Vollkommenheit gelangt sein sollen. Auch die Buddhas, welche vor Çakjamuni erschienen sind, besonders die drei letzten, und endlich Maitreja, der künftige Buddha, welcher das Buddhathum aus seinem Verfalle wieder aufrichten und vollenden wird. Von allen diesen historischen und fingirten Persönlichkeiten besitzt und verehrt der Buddhismus **Bilder** und **Statuen** und ihre unglaubliche Vervielfältigung wird zugleich als ein Mittel zur Verbreitung der Lehre benützt.

---

*) Selbstverständlich führen wir nur jene an, deren Köppen besonders erwähnt und welche für eine principielle Würdigung der Aehnlichkeit des buddhistischen Kultus mit dem christlichen von Belang sind. Aehnlichkeiten, wie sie durch Nachäffung christlicher Kultusformen von Seite der buddhistischen Geistlichen in späterer Zeit hie und da, besonders in Thibet und China entstanden, können hier nicht ausführlich in Betracht kommen.

Die Urbilder Çakjamunis sind zu seinen Lebzeiten auf wunderbare Weise verfertigt worden, *) wie die Legende berichtet und ihre Kopien wirken, besonders wenn sie mit Reliquien verbunden sind, selbst Wunder. **)

Der Bilderdienst ist dem Buddhismus mit dem Brahmaismus gemein und älter als die Reliquienverehrung, welche den Brahmanen ein Gräuel ist.

Reliquien hat der Buddhismus mehrere Arten. Körperliche Ueberreste Buddhas, welche nach der Verbrennung der Leiche sich fanden; aber auch eine unermeßliche Menge von Ueberresten jener Körper, in denen Buddha seine früheren Lebensläufe durchmachte. Kleidungsstücke und Geräthschaften Buddhas und der Heiligen. — Gegenstände, welche von ihm im Leben berührt worden, — selbst der Schatten Buddhas wird an mehreren Orten bewahrt.

Unter den ersteren Reliquien haben die Zähne Buddhas (von denen übrigens der in Bewahrung der Engländer befindliche gar kein Zahn, sondern ein Stück geglättetes Elfenbein, 2 Zoll lang und gekrümmt) eine Rolle in der Geschichte gespielt.

Von den Geräthschaften hat vorzügliche Bedeutung der Bettlertopf Buddhas, weil ihn auch der künftige Buddha und alle anderen nach ihm benützen werden. Ebenso wichtig ist der Bodhibaum, unter dem Çakjamuni die Buddhawürde erlangte, da auch alle seine Nachfolger unter diesem Baume sitzend diese

---

*) Als Buddha einst im Himmel verweilte, um seine dorthin versetzte Mutter zu seiner Lehre zu bekehren, fühlte ein König solche Sehnsucht, das Angesicht Buddhas wieder zu schauen, daß er den wunderthätigsten Schüler desselben beauftragte, ihm solches zu machen. Dieser erhob sich in den Himmel und fertigte dort eine Statue aus Sandelholz von Buddha. — Ein anderer König wollte ein Bild von Buddha malen lassen, aber die Maler brachten es nicht zu Stande. Da warf Buddha seinen Schatten auf die Leinwand und befahl den Malern den Umriß nur mit Farben auszufüllen. Ein andermal malt Buddha sein Bild selbst, nachdem es die Maler umsonst versucht und 84,000 Copien desselben werden an eben so viele Fürsten verschenkt.

**) In Ceylon erhält die Statue erst durch Einsetzung der Augen wunderthätige Kraft.

Würde erlangen werden. Ableger dieses Feigenbaumes sollen überall hin verpflanzt worden sein, wohin die Lehre Buddhas sich verbreitete.

An alle jene Reliquien knüpft die Legende unzählige Wunder, wie sie nur eine orientalische Phantasie auszusinnen vermag. Doch derlei ist für unseren Zweck wenig von Belang.

Die Summe alles dessen, was der religiösen und kirchlichen Verehrung anheimfällt, ist Buddha, Dharma (dessen Lehre), Samgha (die Geistlichkeit). Die spätere Spekulation hat daraus eine Art Trimurti gemacht, gegenüber der brahmanischen.

In älterer Zeit mag man unter der Samgha nur die Gesammtheit der als heilig erachteten Verstorbenen verstanden haben. „Die Lamaisten definiren den Samgha als den Verein der Heiligen mit Einschluß des irdischen Klerus und der Gläubigen." *) —
„Der Lamaismus, — der Katholicismus des Ostens, hat sich nicht damit begnügt, die Ueberbleibsel verstorbener Heiligen und Hierarchen als Objekte des Kultus in den Tempeln aufzustellen, — er ist vielmehr in noch höherem Maße als der Katholicismus von der Verehrung todter Heiliger zur Anbetung lebendiger, leibhafter Pfaffen fortgeschritten. Den souverainen, sceptertragenden Lamas wird von den Thibetanern und Mongolen geradezu göttliche Ehre erwiesen, — ja selbst die nicht wiedergeborenen Aebte und Vice-Aebte fungiren bei dem Gottesdienst neben dem Altar zur Seite der Götzenbilder mit unter den Gegenständen der Adoration, — ähnlich wie der katholische Priester beim Hochamt und der Procession. Noch mehr, — da die Groß-Lamen und die sämmtlich wiedergebornen Lamen, handgreifliche, im Fleische wohnende Bodhisatvas und Archates, oder kurzweg für lebendige Buddhas gehalten werden, so ist es nur konsequent, wenn ihre körperlichen Abfälle, wie die Reliquien die in Nirwana entschwundenen Buddhas und Archats verehrt werden."

„So weit — ruft Köppen aus, — kann sich die menschliche Religiosität verirren wenn sie zur kirchlichen wird!"**)

---
*) S. 554.
**) S. 532—33.

β. Die Form des buddhistischen Kultus.

48. Was die Form des Kultus anbelangt, so ist eben so zwischen dem ursprünglichen und spätern, wie zwischen dem südlichen und nördlichen Buddhathum zu unterscheiden, und insbesondere der Kultus in Thibet als ein eigenthümlicher zu bezeichnen.

Nur der spätere Buddhismus hat Gebete, Processionen, Opfer, Predigten, Weihungen, Sündenbekenntnisse, Fast- und Festtage, welche an den Wechsel der Mondesphasen und der Jahreszeiten gebunden sind und neben dem gemeinsamen Kultus in den Tempeln noch einen Privatkult in der Familie.

Der Kultus des Lamathums ist der entwickeltste in seiner Erscheinung, und wie uns Köppen nicht bloß, sondern auch andere Auktoritäten berichten, dem katholischen Kultus vielfach ähnlich. Von dieser Aehnlichkeit soll später die Rede sein. Hier wollen wir nur noch einige Bemerkungen Köppens über einzelne dieser erwähnten Kultusformen anführen.

„Zunächst, sagt er (S. 554), hat der Buddhist der ältesten Generationen das Gebet nicht; denn zu wem sollte er beten, da er die Götter gar nicht anerkennt oder geringachtet, und der Stifter des Gesetzes, den er allein verehrt, menschlich verehrt, in Nirvana eingegangen ist, folglich nicht mehr existirt. Was daher oft mit Unrecht als buddhistisches Gebet bezeichnet wird, das sind eigentlich nur Bekenntnißformeln, Recitationen der übernommenen Pflichtgebote oder endlich Lobsprüche, Lobgesänge auf den Allerherrlichst-Vollendeten. Dann schloßen sich Segenssprüche, Wunschgelübde, z. B. „Möchten alle Kreaturen glücklich sein und frei von Schmerz, Krankheit und böser Lust." Diese Lobsprüche und Wünsche werden später zur persönlichen Anrede Buddhas und anderer Heiligen, die allmälig zu so vollständigen Gebeten werden, „daß einzelne mit geringen Auslassungen und Veränderungen in jeder christlichen Kirche verlesen werden könnten." Von da an wird dem Gebete eine zauberähnliche Wirkung beigelegt, auch dem bloßen Lippengebet. Im Norden sollen sogar Gebetmaschinen erfunden worden sein, Cylinder, Räder, auf welche Gebete geschrieben sind und durch deren Umdrehen man dieselbe Wirkung erreichen will als durch das mündliche Hersagen. In Thibet sind sie am Eingang der Häuser, der Gassen, auf öffentlichen Plätzen aufgestellt.

Wuttke*) hält übrigens diese Erklärung jener Räder für lächerlich. Ihr Zweck sei, an den ewigen Kreislauf der Dinge zu erinnern, also an ein Grunddogma der Buddhalehre. Eine dieser Gebet- oder Bekenntnißformeln lautet: Om mani padme hom, — was beiläufig heißen soll: Heil dir, kostbare Lotusblume! Diese Formel wird mit dem Rosenkranz gebetet und findet sich auf allen Orten und Gegenständen geschrieben, sie ist das Erste, was das Kind lernt und fortwährend im Munde der Frommen. Ueber ihren eigentlichen Sinn wird gestritten, wahrscheinlich ist der Lotos ein ähnliches Symbol wie das Rad und zwar identisch seiner Bedeutung nach mit der Wasserblase, welche das Bild der Welt ist, die aus dem Ocean der Leerheit sich erhebt, und in diesen wieder zerfließt. Auch die Lotosblume erhebt sich scheinbar ohne Wurzel aus dem Meere und löst sich wieder in selbes auf.

Opfer in jener Bedeutung, wie sie in anderen Religionen vorkommen, sind dem Buddhismus selbstverständlich fremd. Was dem Opfer ähnlich, sind Weihgeschenke als Zeichen der Verehrung gegen Buddha und andere Heilige; Blumen, Wohlgerüche, duftige Früchte, — auch symbolische Gaben. „Allgemeines Sakrament, wenn man es so nennen darf, ist dem Buddhisten die **Beicht**". — „Sie ist der Ausgangspunkt des ganzen buddhistischen Kultus. Die jungen Geistlichen sollen sich zu derselben und zur Verlesung des Gesetzes an den Tagen des Vollmonds und Neumonds versammeln. Zu den Beichten werden auch die Laien beigezogen und für sie die Beichttage vermehrt. „**Es sind dieß zugleich die Tage der Fasten und des Gottesdienstes, die buddhistischen Sabathe oder Sonntage.**" **)

---

*) 1. B. Wuttke S. 545 u. f. f.
**) S. 563.

49. Doch genug von diesen Einzelnheiten des buddhistischen Kultus. Das Angeführte wird hinreichen, um ein begründetes Urtheil fällen zu können über die Aehnlichkeit, Gleichheit oder Verschiedenheit des buddhistischen Kultus mit dem christlichen oder vielmehr mit dem katholischen; — denn dieser verehrt ja auch Heilige, deren Bildnisse und Reliquien, ꝛc.

Was zunächst die **Objekte der Verehrung** anbelangt, so sagt Köppen selbst: *)

„Es ist menschlich, es ist religiös im eigentlichsten und strengsten Sinne des Wortes religiös, das Andenken der dahingegangenen Aeltern, Wohlthäter, Freunde, und im weiteren Kreise das der großen und verdienten Männer — zu ehren, ihr Bild und was Irdisches von ihnen übrig ist, oder sonst an sie erinnert, hoch und theuer zu halten. Heilig sind die Stätten, wo sie im Leben gewandelt, heilig die Reliquien, die uns als Pfänder der Erinnerung geblieben. **Diese menschliche Religion der Pietät ist allen Zeitaltern und Völkern gemein, — sie ist ein wesentliches Element aller positiven Religionen.**"

Demnach darf es uns nicht befremden, wenn der Buddhismus Bilder und Reliquien jener Personen, die er für Heilige erachtet, verehrt; es ist dieß kein ihm eigenthümlicher, ihm ausschließend zukommender Kultus; — aber eben so wenig kann die Bilder- und Reliquienverehrung dem Christen, dem katholischen Kultus zum Vorwurf gemacht werden; — wenn dieselbe an sich Etwas, der Natur des Menschen entsprechendes ist, wie Köppen anerkennt.

Allein — „wenn der Priester lehrt und der Pöbel glaubt, daß das Bild oder die Reliquie mehr sei, als ein Medium der Erinnerung und Vertiefung, daß vielmehr demselben übernatürliche Kräfte innewohnen, daß durch dieselben außerordentliche Dinge vollbracht, auf den Gang der Natur eingewirkt werden könne u. dgl., so hat es mit der Pietätsreligion ein Ende und der Fetischdienst beginnt." — Diese Klippe konnte der Buddhismus so wenig ver-

---

*) S. 493.

meiden wie der Katholicismus, seitdem er seine Bekenner nach Millionen zählte." *)

Also — Bilder- und Reliquienverehrung wäre an sich als Etwas echt menschliches und religiöses nur zu billigen, aber in der Weise, als diese Verehrung im Buddhismus und Katholicismus vorkommt, ist sie Fetischdienst!

Buddhismus und Katholicismus stehen hierin sich gleich.

Dieß ist, wenn auch kein neuer, so doch ein harter Vorwurf; — es fragt sich nur; — ob er auch ein gerechter ist.

Die Bilder und Reliquien der Buddhisten wirken Wunder und — wie Köppen wenigstens meint, jene der Katholiken wirken desgleichen. Wenn jenes Aberglaube ist, so scheint auch dieses als Aberglaube gelten zu müssen. Nur wäre zu erwägen, worin hier der Aberglaube besteht; — entweder darin, daß überhaupt an Wunder geglaubt wird, oder insbesondere darin, daß hier diese Wunder von Bildern oder Reliquien gewirkt sein sollen.

Das Erstere, der Glaube an Wunder überhaupt findet sich zu allen Zeiten, bei allen Völkern, in allen positiven Religionen und er kann darum ebenso als ein dem Menschen natürlicher genannt werden, als der Kultus von Bildern und Reliquien von Köppen als ein solcher anerkannt wird.

An Wunder zu glauben ist nicht bloß dem Menschen natürlich, es kann dieser Glaube auch an sich ein ganz vernünftiger sein, wo er mit der Ueberzeugung von der Existenz einer übernatürlichen, oder besser überkreatürlichen, einer absoluten persönlichen Kausalität verbunden ist, d. h. mit dem Glauben an die Existenz eines persönlichen Gottes als Schöpfers, Erhalters und Regierers der Welt. Denn — hier ist dann eine übernatürliche Kraft vorhanden, welche das Wunder zu bewirken vermag.

Derselbe Glaube an Wunder wird aber zum vernunftwidrigen Aberglauben, wo er mit der Ueberzeugung verbunden ist, daß es keinen solchen persönlichen Gott gibt, welcher das Wunder

---

*) S. 494.

zu bewirken vermöchte; — denn, in diesem Falle ist er ein Glaube an Wirkungen ohne eine Ursache.

Bei dem Christen ist das Erstere, bei dem Buddhisten das Letztere der Fall. Der Glaube an Wunder kann bei den Christen offenbar ein vernünftiger sein, während er bei den Buddhisten jedenfalls ein vernunftwidriger ist, da es der buddhistischen Dogmatik zu Folge keinen Gott gibt, der die Welt geschaffen hat.

Vielleicht aber ist nicht der Wunderglaube an sich ein Aberglaube, sondern der Umstand, daß diese Wunder von Bildern und Reliquien bewirkt werden sollen.

Auch in diesem Falle wäre zwischen dem buddhistischen und katholischen Wunderglauben ein wichtiger Unterschied.

Die Personen nämlich, deren Reliquien oder Bilder bei den Buddhisten Wunder wirken sollen, existiren gar nicht mehr, sie sind längst in das Nirvana eingegangen, sie können also auch in ihren Bildern und Reliquien nicht wirken, weil sie überhaupt nichts mehr wirken.

Die Personen, deren Bilder und Reliquien bei den Christen Wunder wirken sollen, existiren noch, leben noch, ja sie leben in persönlichem Verkehr mit Gott, nehmen Theil an Gottes Leben und somit wäre ein Wirken dieselben auf Erden immerhin etwas Denkbares.

Während also der Glaube an wunderwirkende Bilder und Reliquien bei den Buddhisten im Widerspruch mit der Vernunft nicht bloß, sondern mit ihrer eigenen Dogmatik steht, könnte man das Gleiche nicht von dem Glauben an Wunder wirkende Bilder und Reliquien bei den Katholiken sagen.

Allein, die Sache steht noch anders. Uns wenigstens ist nicht bekannt, daß der Katholicismus lehrt, die Bilder oder die Reliquien selbst wirken Wunder, — auch nicht, daß er lehrt: die Heiligen wirken aus eigener Macht Wunder; — sondern so viel wir glauben, ist es Gott allein, welcher das Wunder wirkt, wenn irgend wo, oder irgend wann ein solches bewirkt wird. Die Bilder, die Reliquien, die Heiligen selbst besitzen nur kreatürliche Kräfte und vermögen daher nach der katholischen Dogmatik keine Wunder zu wirken. Gott allein, der Kreator kann Wunder wirken und kann sich dabei der Heiligen, ihrer Bilder und Reliquien als Werkzeuge bedienen. Der Vorwurf des Fetischismus ist also in Betreff des Katholicismus ein grundloser und darum ungerechter. In Betreff des Buddhismus ist dieser Vorwurf ein wohl begründeter und gerechter. Der buddhistische Bildhauer, der eine Statue Çakjamunis gemacht hat und nun, nachdem er ihr Augen eingesetzt, ihr göttliche Verehrung erweist und Wunder von ihr erwartet, ist auch nach katholischen Begriffen ein wirklicher Fetischdiener.

Nur Mangel an Kenntniß der katholischen Lehre oder Verblendung in Folge der leidenschaftlichen Feindseligkeit gegen sie kann den katholischen Bilder- und Reliquienkult auf gleiche Linie mit dem buddistischen stellen. *)

Wir haben nur noch dem Obigen die Erinnerung beizufügen, daß für den Katholiken nicht bloß die von Köppen berührten Gründe gelten, aus welchen er die Reliquien der Heiligen verehrt, sondern noch andere, aus seiner Glaubenslehre sich ergebende und eben darum unterscheidet er zwischen der Verehrung, welche er den Ueberresten seiner Verwandten, oder hochverdienter ausgezeichneter Männer zollt und jener, zu der er sich gegen die Reliquien eines von der Kirche anerkannten Heiligen verpflichtet fühlt. Er verehrt bekanntlich nicht aus gleichen Gründen und nicht in gleicher Weise die Ueberreste Schillers und jene des h. Augustin. Darauf näher einzugehen ist übrigens hier nicht am Platze.

50. Köppen führt unter den Kultus-Objekten des späteren Buddhismus auch die noch lebende Geistlichkeit auf. Er findet dabei Aehnlichkeit mit der Verehrung, welche in der katholischen Kirche den Geistlichen bei Processionen und Hochämtern erzeugt wird und geräth darüber in eine heftige Gemüthserregung, der er

---

*) Wenn einzelne Katholiken in frommer Einfalt Bilder und Reliquien in einer Weise verehren, welche von der Lehre der Kirche abweicht oder mit ihr sogar im Widerspruch steht, so kann solches nicht dem Katholicismus zur Last gelegt werden. Die Kirche hat auf das Nachdrücklichste von solchen Verirrungen gewarnt und sucht sie nach Möglichkeit zu hindern.

in dem Ausruf Worte gibt: „So weit kann sich die Religiosität verirren, wenn sie zur kirchlichen wird!"

Diese Aufregung war ganz unnöthig und macht ihn ungerecht gegen beide Theile.

Köppen findet es gerechtfertigt, daß Çakjamuni, der Allerherrlichst-Vollendete von seinen Gläubigen verehrt wurde und er findet es begreiflich, daß diese Verehrung allmälig einen religiösen Charakter annahm in einer Religion, die keinen Gott kennt. Buddha trat in ihr an die Stelle der Gottheit. Buddha war ein Mensch und existirt jetzt nach dem Glauben seiner Anhänger nicht mehr. Er wird von diesen um seines früheren heiligen Lebens willen verehrt, das er als Bodhisatve geführt. Die annoch lebenden buddhistischen Geistlichen sind theils eben auch schon solche Bodhisatwas oder doch nahe daran, solche zu werden. Es versteht sich also von selbst, daß sie das Recht haben, gleiche oder ähnliche Verehrung wie Çakjamuni, seine Vorgänger und Nachfolger in Anspruch zu nehmen. Der Buddhismus liefert uns nach dem Zeugnisse Köppens eine Reihe von Inkonsequenzen und Widersprüchen. Hier ist einer der seltenen Fälle, in welchem er mit sich selbst, seiner Dogmatik, einstimmig handelt und dießmal gerade nimmt es ihm Köppen übel. Wahrlich, wenn der Buddhiste Grund hat, den in Nirvana eingegangenen Heiligen einen Kult zu widmen, so hat er einen noch kräftigeren Grund, die annoch lebenden Heiligen zu verehren. Freilich weicht er damit von der allgemeinen Regel ab, nach der man große Männer, so lange sie leben, geringschätzt, mißhandelt, verhungern läßt und erst nach ihrem Tode ihnen Monumente setzt, ꝛc. — Aber — diese Abweichung sollte ihm zur Ehre nicht zum Vorwurf gereichen, wie wir meinen. Wohl können wir den gesammten Kult des Buddhismus nicht billigen und am wenigsten den Kult, der den Lamen und Großlamen in Thibet gezollt wird; aber wir verkennen hier nicht die Konsequenz in dem buddhistischen Irrthum.

Wenn Köppen meint, daß im Katholicismus die lebenden Priester eine gleiche Verehrung genießen als die Lamen in Thibet, so irrt er abermals, aber dieser Irrthum entspringt aus einer andern Quelle, nämlich aus seiner mangelhaften Kenntniß des Katholicismus.

Der Buddhismus verehrt seine Geistlichen, als Archats, Bodhisatvas, d. h. als nahezu vollendete, lebendige Heilige; ihre subjektive Vollkommenheit ist für ihn das Verehrenswerthe. Der Katholike verehrt seine Priester und Bischöfe, aber er unterscheidet dabei zwischen ihrem **subjektiven Verdienst** und ihrer **objektiven Würde**, dem Amte, welches ihnen Christus übertragen hat. Dieses Amt Christi, welches die Bischöfe und Priester verwalten, macht sie in den Augen des Katholiken ehrwürdig, ganz abgesehen von ihrem persönlichen Werthe. Leben sie zugleich fromm und heilig, so ist dieß ein Grund zu einer **ganz anderartigen** Verehrung als jene, die er ihnen ob ihres Amtes zollt. Beide Arten der Verehrung gehen aber nicht so weit, als Köppen meint; denn, es fällt wohl keinem Katholiken ein, Bischöfe und Priester um ihres Amtes oder ihres frommen Wandels willen göttlich zu verehren — oder in der Weise als die Buddhisten ihre Großlamas verehren.

Ueberraschend für Manchen dürfte aber Köppens Ansicht von der Stellung sein, welche der katholische Priester bei einem Hochamte, bei den Processionen einnimmt; er soll nämlich, wie wir oben gesehen, dem buddhistischen Geistlichen gleichen, der mit den Götzenbildern die Anbetung des Volkes theilt. Vermuthlich hat er irgend einmal eine Frohnleichnamsprocession gesehen und einem Hochamte beigewohnt, über die Bedeutung des Gesehenen aber a priori sich verständigt; — leider mit wenig Glück. Vermuthlich hat er gemeint, der Weihrauch bei der Frohnleichnamsprocession gelte nicht bloß dem Sanctissimum, sondern auch dem Priester, der es trägt. Hätte er aber näher zugesehen, so würde er von seinem Mißverständniß wohl befreit worden sein, er würde gesehen haben, daß der Priester unbedeckten Hauptes, ehrfurchtsvoll das in der Monstranze ausgestellte Sanctissimum — und zwar nicht mit bloßen, sondern von dem Velum umhüllten Händen trägt. Dieß hätte ihm vielleicht zur Einsicht geführt, daß der katholische Kultus dem Priester bei der Procession nur eine sehr demüthige Stellung einnehmen läßt. Daß es sich eben so verhalte bei dem heiligen Opfer, obschon es sich hier um die erhabenste Funktion des priesterlichen Amtes handelt, darüber hätte Köppen leicht die hinreichende Gewißheit erlangen können. Jeder Theil der h. Messe, von den Gebeten, in welchen der Priester sich auf die Darbringung des heiligen Meßopfers vorbereitet, von dem Gebete, mit welchem er an den Stufen des Altars dieselbe beginnt, angefangen, bis zum Schluße, hätte ihn belehren können, daß der katholische Priester wahrlich keine göttliche Verehrung bei dieser h. Handlung für sich in Anspruch nimmt und daß ihm auch vom Volke keine solche erwiesen wird.

Die hier in Rede stehende Parallelisirung der buddhistischen Geistlichen mit den katholischen Priestern ist eine durchaus verunglückte, sie beurkundet übrigens schlagend, inwieferne Köppen mit dem Katholicismus bekannt ist und welchen Werth die Beschuldigungen haben, die er gegen ihn vorbringt.

Von den übrigen Einzelnheiten des buddhistischen Kultus, worin er dem christlichen, insbesondere dem katholischen ähnlich sein soll, wollen wir nur noch das Gebet und die Beicht kurz in Erwägung ziehen.

Jede Religion, welche den Glauben an eine Gottheit enthält, wird das Gebet zum wesentlichen Bestandtheil ihres Kultus haben. An das Dasein einer Gottheit zu glauben und mit ihr in einen persönlichen Verkehr treten zu wollen, dazu liegt das Motiv in der Natur des Menschen. Und — insoweit die Natur des Menschen unter allen Zonen dieselbe ist, also auch im Allgemeinen und Wesentlichen ihre Bedürfnisse, sowohl die materiellen als geistigen, dieselben sind; so kann es uns nicht befremden, wenn das Gebet der Menschen, welches sie an die Gottheit richten, vielfach gleichen Inhalt hat. Befremdend wäre es im Gegentheil, wenn diese Gebete durchaus heterogenen Inhalt hätten.

Demnach dürfte es uns an sich nicht zum Aergerniß dienen, wenn auch der buddhistische Kultus Gebete hat und diese Gebete einen Inhalt haben, der sie den christlichen Gebeten ähnlich erscheinen läßt.

Allein der Buddhismus sollte, wie wir gehört haben, überhaupt keine Gebete haben, er hat ja keine Gottheit, zu der er beten könnte. Das Gebet ist also auch eine der vielen Inkonsequenzen des Buddhismus, oder, wie Köppen sagt, eine Erscheinung seiner

Entartung. Denn der älteste buddhistische Kultus hatte wirklich keine eigentlichen Gebete.

Das Gebet im spätern Buddhismus ist allerdings eine Abweichung, ein Widerspruch in Bezug auf die Dogmatik Çakjamunis. — Dieser hat jedoch die indische Volksreligion beiläufig in der Weise behandelt, wie der Bauer seinen Weidenbaum im Frühling, wenn er ihn zum bloßen Strunk verstümmelt, um Brennholz zu gewinnen. Als Strunk kann der Weidenbaum nicht leben — besitzt er noch Lebenskraft, so muß er Schößlinge treiben, Aeste, Zweige, Blätter bilden — und der Bauer wird ihm dieß nicht als eine abermalige Entartung anrechnen. Was der Einsiedler oder Çakjas von der Volksreligion übrig gelassen, das konnte so nicht bestehen, und wenn das religiöse Bewußtsein des Volkes den lebensunfähigen Strunk, welchen Çakjamunis Reform übrig gelassen, wieder, so gut es gehen mag, zum Baume zu ergänzen bestrebt war, so kann man ihm das nicht übel nehmen.

Wenden wir uns nun zur Beichte, welche Manche als genuine Institution Çakjamunis ansehen wollen; so muß zunächst bemerkt werden, was Köppen unbemerkt läßt, daß beim Buddhismus unter Beichte nur ein öffentliches Bekenntniß der Sünden vor der Versammlung der Geistlichen an Festtagen zu verstehen sei. Eine Beichte in dem Sinne, welchen dieses Wort in der katholischen Kirche hat, kennt der Buddhismus nicht; und Köppen selbst läßt es dahin gestellt sein, ob man jener buddhistischen Beichte einen sakramentalen Charakter beimessen könne. Ein allgemeines öffentliches Sündenbekenntniß kennt auch der Katholizismus als einen Bestandtheil seines öffentlichen Kultus — aber dieses Bekenntniß ist nicht die sakramentale Beichte, das Sakrament der Buße. Jenes öffentliche Bekenntniß der Sünden ergibt sich aus den allgemein ethischen Gesetzen, und findet sich nicht bloß im Buddhismus, sondern auch im Kultus anderer Religionen. Das Sakrament der Buße dagegen beruht auf dem Erlösungswerke Christi und ist eine positive göttliche Institution. Das offene, freiwillige, demüthige Bekenntniß der begangenen Sünde, des verübten Unrechtes, ist ein Moment der wirklichen Reue und gilt darum bei allen Völkern und zu allen Zeiten als eine unerläßliche Bedingung der Verzeihung, der Straferlassung, sowohl vor dem menschlichen als dem göttlichen Richterstuhle. Wir dürfen uns daher nicht wundern, wenn auch der Buddhismus dieses Bekenntniß von Allen fordert, die den Weg der Reinigung von der Sünde einschlagen wollen. Allein — es versteht sich auch von selbst, daß durch die Ablegung eines solchen Bekenntnisses von Seite des Sünders seine Schuld nicht getilgt, die verdiente Strafe ihm nicht erlassen ist; — d. h. daß zu diesem Bekenntniß noch ein anderer Akt hinzukommen muß, den eben nicht der Sünder, sondern der von ihm Beleidigte oder sein Richter setzen und vollziehen muß. Da es im ursprünglichen Buddhismus keinen Gott gibt und somit auch keine Priester, die im Namen Gottes eine Jurisdiktion über die Sünder üben können, so mangelt der buddhistischen Beichte gerade ein Moment, welches für den sakramentalen Charakter wesentlich ist. — Eine Gleichstellung des katholischen und buddhistischen Kultus ist also auch in diesem wie in anderen Punkten eine Selbstbezeugung einer nicht zu entschuldigenden Unkenntniß des Christenthums nach katholischer Lehre.

Hiermit glauben wir unserer im Eingange bezeichneten Aufgabe in Betreff der Lehre Buddha's Genüge gethan zu haben. Eine weitere Ausführung der Parallele zwischen Buddhathum und Christenthum würde ermüden und doch zu keinem andern Resultate führen können. Wir haben die Grundzüge der buddhistischen Dogmatik, Moral, Askese, des Kultus und der sogenannten Kirche nach Köppens Darstellung angeführt und ihr Verhältniß zum Christenthum zu beleuchten versucht. Dadurch dürfte der Leser in den Stand gesetzt sein, ein begründetes Urtheil über die vielbesprochene Aehnlichkeit zwischen Buddhismus und Christenthum selbst sich zu bilden.

Wir haben in Betreff des Vorhergehenden nur noch zu bemerken, daß wir Zweierlei nach Möglichkeit zu vermeiden bemüht waren. Wir haben es nämlich vermieden, die lächerlichen Uebertreibungen, die phantastischen und abgeschmackten, ja bisweilen aberwitzigen Auswüchse der Budbhalehre zu erwähnen; denn — es ist uns durchaus nicht darum zu thun, dieselbe als lächerlich darzustellen. Jede religiöse Verirrung der Menschen ist und bleibt eine ernste Sache, so lächerlich auch die Form sein mag, in der sie sich darstellt.

Wir haben es aber auch vermieden, alle die bitteren, sarkastischen und nicht selten rohen Ausfälle anzuführen, welche fast jedes Blatt von Köppens Buch gegen das Christenthum, den Katholicismus und die katholische Geistlichkeit zu Tage bringt. Diese Ausfälle in angemessener Weise zu beantworten, ist hier nicht der Platz. Wir wollten keine Recension des Buches Köppens liefern, sondern demselben nur entnehmen, was uns über den Buddhismus zu belehren geeignet ist.

Es erübrigt uns noch, eine Skizze des sogenannten **budbhistischen Evangeliums**, d. h. der Sagen und Fabeln über Çakjamuni's Persönlichkeit und Leben im Folgenden zu geben. E. Renan in seinem Leben Jesu stellt Budbha mehrmals neben Christum. — Es fragt sich also, ob und welche Gründe zu einer solchen Gleichstellung in Wirklichkeit gegeben sind. Auch hierüber mag der Leser selbst urtheilen.

IV. Das Leben Buddhas.

Wie wir schon im Frühern bemerkten, ist Çakjamuni, der jetzt herrschende Buddha, weder der erste noch der letzte. In den Weltaltern vor ihm sind bereits so viele Buddha's erschienen als der Sand des Ganges Körner hat (nämlich nach buddh. Berechnung 10,000 Billionen), und eben so werden nach ihm solche erscheinen ins Endlose. Der nächste, — Maitreya, ist uns bereits bekannt. Die Welt ist ja im steten Entstehen und Vergehen begriffen und ebenso wird die Lehre über den wahren Weg zur Erlösung der Wesen von dem Jammer des Daseins, so oft sie auch von einem Buddha erneuert wird, dennoch wieder vergessen und verlassen. Sobald letzteres einen gewissen Grad erreicht hat, wird ein neuer künftiger Buddha von den Heiligen ausgewählt und in ihm der Entschluß, ein Buddha zu werden, geweckt. Aber der Weg (die große Ueberfahrt), auf dem er dieses Ziel erstreben muß, ist lang, die Opfer der Selbstverläugnung, die er bringen muß, sind für unsere Phantasie gräßlich.

Der Bodhisatva spendet in seinen verschiedenen Lebensläufen: Haus und Hof, Hab und Gut, Knecht und Magd, Weib und Kind als Almosen, er opfert seine Augen, sein Fleisch und Blut, seine Gliedmaßen Stück für Stück, er läßt sein Leben selbst für die wilden Bestien!

Eine solche Vorbereitung hat auch der jetzt regierende Buddha durchmachen müssen. Ueber die Länge dieser Vorbereitung, die in zwei Epochen zerfällt, die des Entschlusses und die der Erwartung, sagt die Legende, daß während der ersten 125,000 und während der zweiten 387,000 Buddhas erschienen seien. Nach einer Legende der Singalesen aber hatte Çakjamuni nur 550 Lebensläufe durchgemacht, 85 als Einsiedler, 58 als König, 143 als Baumgottheit, 24 als Brahmane, 20 als Gott Indra, 18 als Affe, 10 als Hirsch, 10 als Löwe, 6 als Schnepfe, 2 als Fisch, — eben so oft als Ratte, Krähe ꝛc. Nach andern war die Zahl seiner Wiedergeburten eine viel größere. Diese ganze Vorbereitungsgeschichte ist eine Leidensgeschichte, die alle denkbare Qualen und Todesarten enthält. Er hat mehr Blut vergossen als Wasser in tausend Oceanen ist, die Zahl der ihm ausgerissenen Augen ist größer als die Zahl der Sterne, und die ihm abgehauenen Köpfe würden einen Haufen bilden, größer als der Berg Méru. Durch einen solchen Läuterungsprozeß war der jetzt regierende Buddha in den 4. Götterhimmel gelangt und hatte nur noch einmal wiedergeboren zu werden, um endlich die Buddhawürde zu erlangen, und dieß geschieht immer unter denselben Umständen. Jeder Buddha erscheint in Mittelindien, seine Mutter stirbt stets am 7. Tage nach der Entbindung, alle setzen sich auf den Thron der Intelligenz bei Buddh-Gaya, drehen das Rad der Lehre zuerst im Gazellenholz zu Benares und haben jeder zwei Musterschüler.

Als die Zeit gekommen war, wo ein neuer Buddha erscheinen sollte, entschloß sich unser Kandidat der Buddhawürde auf Bitten der Götter zur Wiedergeburt, um die Menschen den wahren Weg zur Befreiung aus dem Jammer des Daseins zu lehren. Er hielt darum Rundschau über die Erde und die Familien und wählte endlich den König und die Königin von Kapilavasta aus dem Geschlechte der Çakja zu seinen Aeltern. Die Wahl war jedenfalls eine kluge. Das Reich, über das seine Aeltern herrschten, war nicht groß, aber sie waren orientalische Herrscher.

Er erhielt bei seiner Geburt den Namen Sarvânthasibha, d. h. jedes Wunsches Erfüllung. Ueber seine Geburt weiß die Legende Wunderbares zu berichten, weniger über seine Jugend. Nach einer glücklich abgelegten Prüfung über seine körperliche und geistige Ausbildung *) heirathet er seine erste Frau, Gôpâ, der noch zwei andere beigesellt worden sein sollen und — 84000 Kebsweiber.

---

*) Charakteristisch für die indische Gelehrsamkeit ist folgende Legende, welche das Ausland bringt (1864 Nr. 9). Als Buddha sein Braut-Examen

Von nun an lebt er den ehelichen Freuden und den weltlichen Genüssen aller Art. Er hat den Zweck seiner Menschwerdung ganz vergessen. Endlich mahnen ihn die Götter daran, und daß er nicht auf dem Wege sei, die Buddhawürde zu erlangen und die Menschen zu erlösen.

Bei einem Ausfluge nach dem Lustgarten Lumbini sieht der Prinz einen Greis mit gebeugtem Körper, zitternden Gliedern u. s. w. Ergriffen von dem Anblick, fragte er den Wagenlenker, was das sei. Dieser erwiedert: Es ist ein alter Mann. „Ist es das Loos Aller zu altern, oder ist sein Aussehen ein Familienfehler?" fragt er weiter. Als der Diener antwortet, daß es das Loos aller Kreaturen sei, kehrt der Königssohn traurig nach Hause zurück. Aehnliches geschah bei einer zweiten Fahrt, bei der ihm ein fieberkranker Aussätziger begegnet und er nach erhaltener Auskunft in die Worte ausbricht: „Wehe der Jugend, die durch Alter, wehe der Gesundheit, die durch alle Arten von Krankheit zerstört wird" u. s. w. Ein geistlicher Bettler von würdiger Haltung, der ihm bei einem dritten Ausflug begegnet, bringt seinen Entschluß: der Welt zu entsagen, zur Reife.

Gegen den Willen seines Vaters und heimlich, flieht er in die Einöde, um als Einsiedler nach brahmanischer Regel ein Leben der Buße und Meditation zu leben. Die Götter begleiten ihn auf dieser Flucht schaarenweise mit Fakeln und Musik. Von nun an führt er den Namen Çakjamuni, Einsiedler aus dem Stamme der Çakja, und nimmt selbst den geistlichen Namen Gautama an.

Verwunderlich könnte erscheinen, daß der Kandidat für die

---

bestehen mußte, wurde er von Arbschuar, einem Rechenmeister, geprüft und nach dem Namen der Zahlengrößen über 100 Koti gefragt. Koti = Milliarde = 10^9. Buddha zählt von Koti aufwärts bis zum Tullakschema $=10^{83}$ und erklärt, daß darüber noch 5—6 Skalen folgten, von gleicher Größe, so daß man Größen von 421 Nullen aussprechen könne.

Nun fragt ihn der Meister, wie vielmal der Durchmesser eines Uratoms in der Länge einer indischen Meile enthalten sei; und Buddha löst die Aufgabe: 7 Atome = 1 Staubkorn, 7 solche ein Windstäubchen = 7^7 Atom ein Mohnkorn, x. 10,003 Quatrill. Atomen nebeneinander eine indische Meile. (Die Rechnung soll aber doch falsch sein, wie Wöpke ihm nachweist.)

Bubbhawürde, der so unzählige Lebensläufe durchgemacht hat und in die Welt kommt, um die Menschen von dem Jammer des Daseins zu befreien, so ganz und gar seine früheren Erfahrungen und Vorsätze vergessen hat, daß ihm erst sein Kutscher Auskunft über die Unvermeidlichkeit von Alter, Krankheit und Tod geben muß. Allein, die Erinnerung an die früheren Lebensläufe erlangt er erst, wenn er zum Buddha geworden ist.

Nach 7 in der Einsamkeit verbrachten Tagen begibt er sich in die Hauptstadt von Magadha, wo berühmte Brahmanen lehren. Doch, — die Lehrer genügen ihm nicht, er geht wieder in die Einsamkeit von 5 seiner Mitschüler begleitet und beginnt nun die härtesten Bußübungen und Selbstpeinigungen, um die Meditation fruchtbringend zu machen. Als er zum Skelet abgemagert ist, erscheint ihm seine Mutter und belehrt ihn, daß der Mensch, um zu leben, essen müsse, und daß Bußübungen ohne Opfer verdienstlos sind. Çakjamuni ißt nun wieder und erholt sich. Er hat eingesehen, daß diese Kasteiungen unnütz und sogar der Meditation hinderlich sind, — er gibt sie nach 6 Jahren endlich auf. Aber er bleibt doch fest entschlossen, ein Buddha zu werden; er begibt sich nach Gaya, wo unter dem Schatten eines Bobbhibaumes der Platz ist, auf welchem die Kandidaten der Buddhawürde diese erlangen. Er setzt sich da nieder mit dem Entschluß, nicht früher aufzustehen, bis er Buddha geworden. Aber noch hat er große Versuchungen von Seite Maras, des Fürsten der untersten Welt, zu überwinden. Nach siegreicher Abschlagung dieses letzten Sturmes geht ihm endlich in der Nacht sein Wunsch in Erfüllung. Plötzlich erinnert er sich seiner früheren Geburten, er überblickt die unzähligen und unermeßlichen Welten, er durchschaut die Verkettung der Ursachen des Daseins, er hat die vollkommene Weisheit, die Bobhi, gewonnen, — er ist ein Buddha, ein Erleuchteter, geworden.

50 Tage verweilt der neue Buddha an der Stelle, wo ihm die Erleuchtung geworden ist und überlegt, ob er seine gewonnene Einsicht den Menschen mittheilen soll oder nicht. Auf vieles Zureden der Götter, daß er ja für diesen Zweck Gut, Blut und Leben geopfert habe, entschließt er sich, das Rad seiner Lehre in Schwung zu setzen, d. h. sein Lehramt anzutreten.

„Hiermit schließt in der ältesten Fassung die Legende von Buddha's Leben, das Evangelium von Nepal und Thibet."

Die Sagen über sein weiteres Leben, seinen Tod und sein Begräbniß kommen später dazu und sind womöglich noch phantastischer als die Sagen, deren wir bisher erwähnten. Die orientalische Phantasie hat hier auch Raum genug; denn Buddha soll 45 Jahre gelehrt haben und in allen Theilen Asiens herumgereist sein. „Ueberall und an Alle ergeht sein Ruf, das Gesetz anzunehmen und den Pfad zu betreten, der zur Erlösung führt. Es ist die Befreiung von der Wiedergeburt und damit von Krankheit, Schmerz, Alter, Tod. Und welches Mittel führt zu dieser Befreiung?*) Entsagung und geistliches Leben. Das Haus verlassen und den Bettlermantel anziehen, damit beginnt die Radikalkur des Weltenschmerzes."

Als Çakjamuni hochbejahrt war, traf ihn noch ein harter Schlag. Der König von Kôçala glaubte sich von dem Stamme der Çakja beleidigt, bemächtigte sich Kapilovastu's, zerstörte die Stadt und metzelte alle Bewohner nieder, ungeachtet der Vorstellungen Çakjamuni's.**)

Im 80. Lebensjahre besuchte er nochmals Magadha, wird aber von dem Gott Mâra erinnert, daß es Zeit sei, der Endlichkeit zu entschwinden. Er kündigt seinen Schülern an, daß er nach drei Monaten in Nirvana eingehen, d. h. sterben werde. In der Stadt Pâvâ soll er sich durch den Genuß von Schweinefleisch, das ihm der Goldschmied Tschunda in seinem Garten dargereicht, eine Krankheit zugezogen haben, so daß er die Reise nur langsam fortsetzen konnte. Oftmals muß er vor Schmerz und Müdigkeit rasten, bis er endlich ganz erschöpft in der Nähe von Kucinagora anlangt. Hier weiht er den letzten seiner Schüler, den alten Subhadra, nimmt Abschied von ihnen und verscheidet mit den Worten: „Alles ist dauerlos!"

So erzählen die südlichen Buddhisten; nach andern ist Çakjamuni an einem Rückenleiden gestorben. Sein Leben und Wirken

---
*) S. 97.
**) S. 114—115.

fällt wahrscheinlich in die 2. Hälfte des 7. und die 1. Hälfte des 6. Jahrhundert v. Chr., nach chinesischen Historikern aber in das 11. Jahrh. v. Chr.

Seine Leiche wurde, wie er selbst es verlangt hatte, mit königlichem Prunke verbrannt.

Dieß der wesentliche Inhalt der Legenden über Buddha; welche Köppen und Andere den christlichen Evangelien an die Seite stellen. Sie thun solches natürlich aus denselben Motiven und mit demselben Rechte, als sie, wie wir gesehen haben, die Lehre Buddha's neben oder über die Lehre Christi setzen.

Nach dem, was wir über die letztere Parallele gesagt haben, wird man wohl nicht verlangen oder erwarten, daß wir auch noch auf erstere eingehen. Noch weniger aber sind wir gesonnen, die Gleichstellung der Person Buddha's und Christi einer Erörterung zu unterziehen.

Ob Çakjamuni eine historische oder eine bloß mythische Person sei, ist noch unentschieden; uns scheint Ersteres wahrscheinlich, obschon sich nicht einmal das Jahrhundert mit Sicherheit feststellen läßt, in dem der Stifter des Buddhismus gelebt. Was seinen Charakter anbelangt, so scheint der Einsiedler der Çakja's ein entschiedener, opferwilliger Mann gewesen zu sein, der allerdings die Achtung und Neigung seiner Umgebung zu gewinnen geeignet war.

Die Legende schreibt ihm schon frühzeitig eine wunderbare Intelligenz zu; allein in seiner Lehre bekundet er selbe nicht. Als spekulatives Genie kann er jedenfalls nicht gelten. Köppen selbst rechnet ihn zu den Popular-Philosophen. Die Entwickelung seines Charakters läßt uns die Legende Schritt für Schritt verfolgen und eben so beleuchtet uns die Geschichte der indischen Religion und Philosophie den Weg, auf welchem er zu seiner Welt- und Lebensanschauung gekommen. Die orientalische Phantasie hat das Mögliche gethan, um die Persönlichkeit Çakjamuni's zu idealisiren. Sie hat uns aber doch nur das phantastische Zerrbild eines aus der Brahmanen-Schule hervorgegangenen Asketen geliefert, der für uns weder in psychologischer noch ethischer Beziehung ein Räthsel ist.

Wir begreifen vollständig, wie und wodurch dieser Mann das geworden ist, als was er sich später durch seine Lehre und sein

Leben bezeugt; wir begreifen, wie unter den gegebenen Voraussetzungen und Verhältnissen eine solche Persönlichkeit sich bilden konnte. — Çakjamuni erscheint selbst den Buddhisten nicht als eine Persönlichkeit, die ihres Gleichen in der Geschichte nicht hat. Im Gegentheil, er ist nur einer der unzähligen Buddhas, die im Laufe der Zeiten sich gebildet haben und — im Grunde soll ja jeder ein Buddha werden. Er war ein Mensch gleich allen andern, mit denselben Gebrechen, Mängeln, Schwachheiten, Leidenschaften, Irrthümern behaftet; und wir sehen, wie er sich mühsam und im langen Kampfe von demselben zu befreien suchte. Dieses ernste, nicht ermüdende Streben macht ihn in unseren Augen achtbar, obschon wir die Wege als irrige bezeichnen müssen, welche er dabei eingeschlagen. Es kann uns nicht einfallen, geringschätzig über die Person Çakjamuni's abzusprechen, aber es sträubt sich unser Gefühl dagegen, ja, wir würden es als Sünde erachten, im Ernste auf eine Erörterung der Parallele zwischen der Person Buddha's und Christi einzugehen. Der besonnene Leser vermag aus dem Angeführten selbst zu beurtheilen: ob eine solche historische Berechtigung habe, — und wir berufen uns hier auf das über derartige Vergleiche bereits an einem andern Orte Gesagte. *)

---

*) Siehe darüber Fundamentaltheologie II. Theil V. Abschnitt ꝛc. Christus als Mensch.

Die Persönlichkeit Buddhas ist für Niemanden ein Räthsel. Für den Rationalismus ist die Persönlichkeit Christi ein solches, an dessen Lösungen er seit einem Jahrhundert Witz und Gelehrsamkeit übt. Innerhalb der Frist eines Jahres hat er neuerlich drei solche Versuche geliefert, die eben sowenig als frühere als gelungen von ihm selbst erkannt werden, da sie zu offen der Geschichte Gewalt anthun.

Schlußbemerkung.

Zum Schluß möge noch ein Wort über die weltgeschichtliche Bedeutung, die Entartung und die Zukunft des Buddhathums beigefügt werden.

Bunsen vergleicht, wie wir gehört haben, die Wirkung des Buddhismus auf die indischen Völker einer milden Gabe Opiums, welche sie in Schlaf versenkt hat und ihnen so Erholung gewährt von der alle Kraft aufreibenden geistigen Aufregung, in welcher sie der Brahmaismus durch Jahrhunderte erhalten hatte. Was dann geschehen wird, wenn dieser Schlaf endet, lasse sich nicht leicht voraus berechnen.

Köppen faßt die Wirksamkeit des Buddhismus auf die rohen Völker Asiens ins Auge und meint, in der Bändigung der Wildheit dieser Völker die weltgeschichtliche Bedeutung des Buddhismus zu erkennen.

Beiden Männern erscheint demnach die Wirksamkeit des Buddhismus als eine nützliche, auf einen höhern Zweck sich beziehende. Wir wollen dieser Ansicht nicht entgegen treten; — obschon wir die Wirksamkeit des Buddhismus an sich, wie wir es bereits ausgesprochen haben, als eine verderbliche bezeichnen müssen. Unter der Leitung der göttlichen Vorsehung können jedoch auch die Verirrungen der Völker zuletzt, wie wir glauben, als Mittel dienen, um sie zu dem einen Ziele zu führen: nämlich zum Wiedereintritt in das Reich der Kinder Gottes. Wie aber durch den Buddhismus die Völker auf dieses Ziel vorbereitet, hingeleitet werden, dieß ist eine dermalen noch schwer zu beantwortende Frage. Wer hat die Wege Gottes erforscht, wer ist sein Rathgeber gewesen!

Die Zeit aber wird kommen, wo auch hierin die Weisheit Gottes uns offenbar werden wird.

Hat der Mensch in der ersten Sünde sich frei vom Reiche Gottes, von der Gnade Gottes losgesagt, um sich auf sich selbst zu stellen, um als sein eigener Herr seine Befriedigung nur sich selbst zu verdanken; so scheint seine Wiederaufnahme in das Reich Gottes, wenn ihm die Barmherzigkeit Gottes eine solche in Aussicht stellte, nach menschlichen Ermessen zunächst bedingt durch das **freie Verlangen** darnach. Dieses Verlangen nach der Wiederaufnahme in die Huld Gottes konnte ihm entstehen aus der Erfahrung, die er über den Unterschied zwischen gut und böse, zwischen dem Leben unter der Herrschaft des göttlichen Willens und einem Leben in Selbstsucht machte, zwischen dem, was er sich und den Kreaturen, und dem, was er nur Gott verdanken kann.

Diese Erfahrung hatten die Inder lange vor Buddha gemacht, und seit Jahrhunderten war in ihnen die Sehnsucht nach Wiederannäherung an die Gottheit, nach Ausfüllung der Kluft, die sie von ihr trennt, nach Wiedererlangung der Huld Gottes erwacht. Freilich, die Mittel, durch welche sie jene Kluft ausfüllen, zur Lebensgemeinschaft mit Gott sich wieder erheben zu können meinten, waren irrige. Der Irrthum lag ursprünglich darin, daß sie wähnten, die Versöhnung, die Wiedervereinigung mit Gott lasse sich durch ihre eigenen Kräfte bewirken. Die Vedantaschule hat auf Grund dieses Irrthums, wie wir gehört haben, ein System von Regeln für das äußere und innere Leben entwickelt, unter dem das Leben selbst zur unerträglichen Last wurde, — und sie hat überdieß die Erkenntniß der wahren Ursache und der Natur der Gottentfremdung, wie jene des Lebenszieles, der Wiedervereinigung mit Gott, in Folge ihrer pantheistischen Theorie, verwirrt, in Irrthum verkehrt.

Der Einsiedler der Çakjas hat eine Reform dieser Brahmanenlehre unternommen, und eine solche war damals ein dringendes Bedürfniß. Er hat ganz richtig die Wirkungslosigkeit und Zweckwidrigkeit jenes Regelsystems erkannt, welches jede freie Lebensäußerung unterdrückt und den Menschen zur Maschine macht. Er hat ganz richtig die Erfolglosigkeit des brahmanischen Opferkultus, der gräßlichen Bußübungen und Selbstpeinigungen, so wie die Absurdität des Götterwesens und gesammten brahmanischen Kultus erkannt. — Allein, der Grundirrthum, der Wahn, daß der Mensch sich selbst zu erlösen, seine Sünde zu sühnen, die Huld

Gottes wieder zu verdienen, seine Rückkehr zu Gott zu bewirken vermöge; — dieser Grundirrthum der indischen Volksreligion ist der Weisheit des Reformators entgangen. Sein Unternehmen kann also schon darum jedenfalls nicht als ein heilbringender Fortschritt in der Entwickelung der indischen Religion geltend gemacht werden. Erwägt man aber, daß die Sehnsucht nach Erlösung, nach Befreiung aus dem selbstverschuldeten Elende, vor Buddha ihre Befriedigung in der Wiedervereinigung mit Brahma suchte und zu finden hoffte, und daß Buddha solches Sehnen und Hoffen auf ein wesentlich anderes Ziel lenkte, nämlich: die Auflösung in Nirvana, die Vernichtung, den absoluten Tod; — so darf man wohl sagen: durch Buddha's Lehre sei das religiöse und sittliche Bewußtsein der Inder nur noch tiefer in die Nacht des Irrthums versenkt, noch weiter von der Wahrheit entfernt worden. Was Buddha bewirkte, war im Wesentlichen kein Fortschritt, sondern aus diesem Gesichtspunkte betrachtet, ein beklagenswerther Rückschritt, gegenüber welchem alle jene vortheilhaften Seiten der buddhistischen Reform für die Geschichte des religiösen Lebens der Menschheit nur geringen Werth haben. Will man dennoch die Buddhalehre als einen **Fortschritt** geltend machen, so kann man von ihr sagen, daß in und durch sie **der Grundirrthum der indischen Volksreligion auf die Spitze getrieben wird. Das Streben, sich selbst zu erlösen aus dem durch die Sünde entstandenen Jammer des Daseins, ist zur Einsicht gelangt, daß solche Selbsterlösung nur durch Selbstvernichtung erreichbar wäre.**

Denkbar ist es, daß gerade diese Erfahrung der Gewinn ist, den die Menschheit dem Buddhathum verdanken soll. *)

---

*) Wenn unsere Zeit Geschmack an dem Buddhismus findet, so liegt ein Grund dessen wohl in der Abspannung und Muthlosigkeit, welche auf die begeisterte und hoffnungsreiche spekulative Erhebung von Kant bis Schelling folgten. Aus demselben Grunde scheint sie auch jetzt erst Geschmack an Schopenhauers Weltauffassung zu gewinnen, welche mit jener Buddhas verwandt ist.

Hiermit aber steht sie vor der Alternative: entweder das Ziel des Lebens in der durch Christum vermittelten Lebensgemeinschaft mit Gott, — oder aber in der Vernichtung, in der Auflösung ins Nirvana zu suchen.

Ueber die Entartung des Buddhismus haben wir uns bereits im Vorhergehenden ausgesprochen. Buddha hat von der Religion des indischen Volkes Alles gestrichen bis auf den Glauben an das Bestehen einer moralischen Weltordnung und die Seelenwanderung als den Weg ihrer Realisirung. Dieser Rest vermochte für sich nicht als Volksreligion zu bestehen, er mußte sich über kurz oder lang ergänzen, so gut er eben konnte. Wenn darum der Buddhismus alsbald wieder jenen religiösen Ueberrest mit alter brahmanischer Mythologie und deren Kultusformen vermehrt, so wenig sie auch zu den Dogmen Çakjamunis passen wollen, so kann uns dieß nicht befremden; ja, wir können im Grunde darin auch nur beziehungsweise eine Entartung erblicken.

An sich erscheint uns die Rückkehr zum Glauben an einen Weltschöpfer (Addi-Buddha) als eine **Rückkehr aus der Verirrung, zu welcher die Lehre Buddhas geführt hatte.** Wenn damit auch eine Masse des Wahns und Aberglaubens der alten Brahmanenlehre restaurirt worden; so muß man dieß zwar bedauern, aber man wird zugleich gestehen müssen, daß unter den gegebenen Verhältnissen Anderes nicht zu erwarten stand.

Demnach stehen die Buddhagläubigen bereits seit Jahrhunderten wieder dort, wo die Juden vor dem Auftreten Buddhas gestanden und die Bewegung, welche dieser bewirkte, war auch in dieser Hinsicht **keine Bewegung nach vorwärts.**

Nach einem Briefe des Beherrschers von Siam an Pius IX., dessen Köppen erwähnt und nach Köppens eigenem Urtheil naht sich der Buddhismus einer **Krisis.** Das Christenthum hat längst*) einen Einfluß auf die Brahmanenlehre und seit Jahrhunderten auch auf die buddhistischen Völker geübt. Dieser Einfluß hat zwar auf großen Widerstand getroffen und das Blut von Tausenden Sendboten des Evangeliums ist von den Bekennern der Buddhalehre vergossen worden, aber es ist nicht umsonst geflossen. Zwar

---

*) Die Berührung des indischen Geistes mit dem Christenthum schon in den ersten Jahrhunderten ist erst in neuester Zeit genau erkundet worden und wir müssen dieselbe immer im Auge behalten, wenn wir nicht in Gefahr kommen wollen, die christlichen Anklänge in späteren Schriften mit den altindischen Ideen zu vermischen." So Wuttke I. B. S. 237.

scheinen die Früchte der Bemühungen christlicher Missionäre bisher noch gering, aber die nächste Generation vielleicht wird es erkennen, daß sie doch den Boden für die Aufnahme der christlichen Wahrheit gelockert und vorbereitet haben. Die Krisis, in welcher der Buddhismus gegenwärtig fast überall begriffen scheint, dürfte demnach einen heilbringenden Ausgang nehmen. *)

3. Um endlich zum Schluße auf das im Eingang Bemerkte zurückzukommen, so haben die Aufschlüsse, welche die letzte Zeit über den Buddhismus gebracht, die Veranlassung gegeben, daß man sich gegenwärtig wieder mehr als sonst mit demselben beschäftigt. Jene fanatischen Gegner des Christenthums, die in den christlichen Ideen das bedeutendste Hinderniß ihrer politischen und socialen Reformpläne erblicken und in der katholischen Kirche die allein noch gefürchtete Vertreterin jener Ideen, meinen in einer Vergleichung der christlichen Lehre mit jener Buddhas, des Katholicismus mit dem Buddhathum eine erwünschte und verderbliche Waffe zu finden und sie als solche gegen Christum und seine Kirche gebrauchen zu können.

Wir aber meinen, daß eben jene nähere und gründlichere Bekanntschaft mit dem Buddhismus, welche gegenwärtig jeder wissenschaftlich Gebildete leicht machen kann, geeignet sein dürfte, nicht bloß jene Waffen zu zerbrechen, sondern auch **eine tiefere, freudige und dankbare Erfassung der christlichen Wahrheit gegenüber dem traurigen Irrthum der Buddhalehre zu vermitteln**. Möge Gott es so fügen!

---

*) Maitreya der Nachfolger Çatjamunis, der das Werk desselben fortsetzen und vollenden wird, lebt gegenwärtig schon als Bodhisatva im Verborgenen und ist Gegenstand des Hoffens und Sehnens der jetzt noch gläubigen Buddhisten. Köppen nennt ihn spöttisch den „buddhistischen Messias." Nun, vielleicht enthält dieser vermeintliche Witz ein Körnlein Wahrheit. Vielleicht ist das Bild des Maitreya, an welchem die Phantasie der Buddhisten gegenwärtig mit solcher Liebe hängt, der Schatten, welcher für sie der Erkenntniß des wahren Messias der Menschheit vorausgeht. Wer kann es wissen! Maitreya ist wenigstens das freundlichste Bild, welches die buddhistische Poesie producirt hat.